[美]史蒂夫·乔布斯 著　　胡晔 译

创业的哲学

乔布斯给青年人的
8堂创业课

北京联合出版公司
Beijing United Publishing Co.,Ltd.

图书在版编目（CIP）数据

创业的哲学：乔布斯给青年人的 8 堂创业课 /（美）乔布斯著；胡晔译 . —
北京：北京联合出版公司，2012.7（2023.3 重印）
ISBN 978-7-5502-0971-8

Ⅰ . ①创… Ⅱ . ①乔… ②胡… Ⅲ . ①乔布斯，S.（1955～2011）—
企业管理—经验 Ⅳ . ① F471.266

中国版本图书馆 CIP 数据核字（2012）第 203904 号

北京市版权局著作权合同登记号：图字 01-2011-6779 号

创业的哲学：乔布斯给青年人的8堂创业课

作　　者：［美］乔布斯
译　　者：胡　晔
出 品 人：赵红仕
责任编辑：孙志文
封面设计：赵银翠

北京联合出版公司出版
（北京市西城区德外大街83号楼9层 100088）
北京新华先锋出版科技有限公司发行
大厂回族自治县德诚印务有限公司印刷　新华书店经销
字数148千字　620毫米×889毫米　1/16　14印张
2012年10月第1版　2023年3月第2次印刷
ISBN 978-7-5502-0971-8
定价：59.00元

CONTENTS
目录

001

积 累

011 031 059

激 情　　　专 注　　　创 新

087 103 125

市 场　　　人 才　　　价 值

165

理 念

积累，飞跃的踏板

STEVE JOBS

没有经验，你就永远不可能知道经验的价值。

——乔布斯

求知若渴，虚怀若谷

斯坦福大学是世界上最好的大学之一，能在这里参加你们的毕业典礼，我感到很荣幸。我没有经历过大学毕业，所以，今天或许是我这一生中离大学毕业最近的一刻。

此时想和大家分享的，是我生活中的三个小故事，它们都来自真实的生活。

第一个故事要告诉我们的是如何让生命中的点点滴滴都变得有意义。

我曾经就读于里德学院，但仅仅六个月的时间我就产生了退学的想法。后来即便还在学校听课，要离开的念头仍不断在我脑海中盘旋。终于在一年半之后，我选择了正式离开。这一切是什么原因造成的呢？

事情要从我出生开始讲起。我的母亲生我时很年轻，刚刚大学毕业，还没有结婚，所以她打算把我送给别人收养。她很希望收养我的人受过大学教育，所以在我出生前，她就把一切都安排好了——一个律师和他的妻子准备接纳我。不过出人意料的是，律师夫妇在我出生之后，改变了主意，说想要一个女孩儿。无奈之下，我母亲只好匆匆选定了另一个家庭，他们就是我后来的养父母。可就在要签署收养合同时，我母亲反悔了，因为她发现我的养父母不仅没上过大学，我养父甚至连高中都没读过，于是她拒绝签署收养合同。直到好几个月之后，我养父母向她承诺，一定要让我上大学，她的态度才发生转变。

17 岁时，我真的上大学了。可我那时太愚蠢，选择了一个学费很贵的学校，和你们斯坦福大学差不多，而我父母收入并不高，学费几乎耗尽了他们所有的积蓄。上了六个月大学，我便意识到这太不值得了。我人生的目标是什么？我无法回答自己，大学似乎也很难在这方面帮助我。唯一能确定的一件事就是，大学几乎用掉了我父母一辈子的积蓄。于是我决定退学，并认为这是一个明智的决定。当然，那时候我也曾心怀恐惧。现在回头想想，那简直是我这辈子做的最正确的一个决定。从决定退学那一刻起，我就永远告别了那些无趣的课程，开始学习那些一看就令人着迷的东西。

这听起来很浪漫，实际上并非如此。首先我失去了住处，只能睡在朋友房间的地板上；我不得不去捡可乐罐，只为换那小小的 5 美分，好用来填饱肚子；每个周日晚上，我还要去黑尔 - 科里施纳神庙，尽管需要步行 7 英里，横穿整个城市，但我风雨无阻，只因为它是每周最好的一顿饭。

跟着感觉走，跟着兴趣走，这让我收获了很多东西。这些收获在我后来的经历中都成了无价之宝。我来举个例子吧：

当时，里德学院为学生开设了美术字课程，那简直是全美国最好的。学院里的每张海报，每个抽屉的标签上，全是标准的美术字。我退学后，再也没有正规课程可以上，所以我决定去学习美术字。灯芯体和衬线体就是那时学会的。我还学会了如何在不同字母的组合中调整空白间距，如何让印刷式样最好看。我发现这实在太令人着迷了，科学永远达不到那种美好，永远缺乏那种厚重的历史感和精妙的艺术性。

当时，这些东西似乎对我没有丝毫用处。可十年之后，一切都改变了，第一台苹果电脑被设计出来时，就不同了。当时我学的那些东西，全被我设计进了苹果机，它是第一台拥有漂亮的印刷字体的电脑。假如我那时没退学，根本就没机会学习这个我钟爱的美术字课程，苹果机丰富的字体，以及令人感到舒适的字体间距从哪儿来呢？个人电脑里美妙的字型又从哪儿来呢？

那时候，我还不曾意识到从前的点点滴滴会这样联系在一起。可十年后再回过头去看所有的事，我一下子就明白了。

我要强调的是，当你憧憬未来的时候，不会去想着把所有的事联系起来；只有在回忆过去的时候，才会将这点点滴滴联系在一起。一定要相信，这些生活的点滴会在你未来的某一天产生联系。一定要相信：勇气、目标、生命、缘起……一切都不会令你失望，只会增加你的与众不同。

第二个故事与爱和失去有关。

　　我是个很幸运的人，因为在很年轻的时候，我就知道自己的兴趣所在。20岁时，我就和沃兹尼亚克在我父母的车库里创办了苹果公司。我们非常努力地工作，仅仅十年，这两个穷小子在车库开创的公司，就发展成了拥有四千多名员工的大公司，总价值超过了20亿。可是，在公司成立第九年的时候，我竟被炒了鱿鱼，当时我们刚刚发布了最好的产品苹果机，而我也即将迎来30岁。自己创立的公司怎么会炒自己的鱿鱼呢？

　　原因很简单：在苹果快速发展期间，我们雇用了一个共同管理者，他是个很有天分的人，最初合作得还不错，可后来我们在公司发展方向上发生分歧，最终引起了争吵。在我们的僵持阶段，董事会选择支持他。就这样，30岁的我，在众目睽睽之下被炒了鱿鱼。在而立之年一下子失去了所有，这样的打击简直是毁灭性的。

　　刚开始的几个月，我非常茫然，不知何去何从。我觉得自己辜负了老一代创业家的期望，非常自责。我去拜见惠普的创办者戴维·帕卡德，和英特尔的创办者鲍勃·诺伊斯，并试图为自己搞砸的一切向他们道歉。

　　终于有一天，我看到了希望，因为我发现自己仍然热爱曾经为之奋斗的这些东西。尽管公司发生变故，可这一点丝毫没有改变。尽管我不在苹果公司了，可我依然热爱公司所从事的事业。于是，我决心从头再来。

　　后来发生的一切证明，被苹果公司炒鱿鱼，成了我这一生最有意义的事。因为，之前没被炒鱿鱼的时候，我心里正充满成功者沉重的压力，转眼间压力消失了，取而代之的是创业者的轻松，这简直太有意思了。自由的感觉油然而生。从那时起，我的生命进入了最有创造力的阶段。

之后的五年，我开创了 NeXT 和皮克斯两个公司，并认识了一个优雅的女人劳伦，她后来成了我的妻子。世界上第一部电脑制作的动画电影——《玩具总动员》，就是皮克斯制作的。直到现在，皮克斯也是世界上最成功的电脑动画工作室。又经过一系列的运作，苹果把 NeXT 收购了，而我又成了苹果公司的一员。NeXT 研发的技术，对苹果的复兴起到了重要作用。最重要的是，我与劳伦建立起了属于我们的幸福完美的家庭。

能够确定的一点是，当年如果苹果没有炒掉我，后面的这些事绝对不会发生。这剂良药的确很苦，可病人真的需要它，不是吗？在某一个时刻，生活对你的打击会令你猝不及防，倒地不起，但是可千万别失去信念。支持我前行的力量就是，我所做的都是自己非常热爱的事。你得去寻找，寻找自己所爱，对工作、对爱人都一样。工作占据的是你生活的绝大部分，只有你觉得自己从事的是伟大的事业，你才会愉快地面对。在你找到它之前，千万不要停止脚步，只要用心寻找，当它来到你面前时，你的心就会知道。只要你的爱是真诚的，这种联系就会在岁月的流逝中越来越紧密。继续寻找吧！千万不要停下来，直到找到它！

第三个故事与死亡有关。

17 岁时，有一句话给我留下了深刻印象："把每一天都看作生命中的最后一天，这样坚持下去，总有一天你会发现自己是对的。"从那时开始，33年过去了，每天起床后我都会站在镜子前问自己："假如这是生命中的最后一天，你能完成今天想做的事吗？"当连续好几天的回答都是否定时，我意识到该做些改变了。

这是对我最重要的一句话："别忘记，死亡即将来临！"它总让我在关键时刻作出正确的选择。因为在死亡面前，几乎一切的荣誉、骄傲、恐惧，都变得不重要了。这能让我看清真正重要的东西。人总想权衡利弊，考虑会失去什么，"别忘记，死亡即将来临"。这句话总能很好地帮我避免这些想法。一无所有的你，还有什么理由不听从自己内心的声音呢？

一年以前，我被确诊为癌症。早晨七点半，我做了个检查，结果显示，我的胰腺上长了个肿瘤。当时，我连胰腺是什么都不知道。医生对我说，这种癌症很可能无法治愈，我在这个世界上生活的时间只剩下3～6个月。医生让我回家，把一切都安排好。我知道这是对临终病人才说的话。这就是说，在最后的几个月里，我要把未来十年准备对小孩说的话都说完，把每件事情都安排妥当，特别是安排好家人的生活；这就是说，我该说"再见"了！

整整一天，我都是抱着那个诊断书度过的。当天晚上，我做了个切片检查，医生把内窥镜从我的喉咙伸进去，通过我的胃进入肠子，在我的胰腺肿瘤上取下几个细胞。当时我打了麻醉剂，妻子一直陪在旁边。她后来告诉我，医生用显微镜观察这些细胞时，竟然欢呼起来，因为这些胰腺癌细胞竟是一种可以用手术治愈的罕见细胞。后来我接受了手术，现在我已经完全康复了。

那是我离死亡最近的时候，真希望这会是今后的几十年最接近死神的一次。从死亡线上回到现实生活，我变得更清醒了。以前，我只是在心里想象着死亡，用来激励自己，此时我却能肯定地说：谁也不愿死，即使告诉你走上前就是天堂，也不会有人甘心赴死。但是死亡的确是每个人最终都要面对的，谁也无法逃脱它。可这未必是坏事。在我看来，死亡是生命中最有意义的事。它清除旧有的一切，以便给新的腾出更多空间。如今的你是新的，可随着岁月的流逝，你会慢慢成为旧的，然后退出这个人生舞台。尽管很有戏剧性，但这才是真实的人生。

你的时间是非常有限的，所以千万不要重复他人的生活，不要为此而浪费时间，不要失掉思考的自由，因为那就等于你活在别人的想法里。聆听自己内心真实的声音，不要被别人的观点左右。最重要的一点是，你要勇敢面对自己的直觉和内心的真实想法，因为它们最清楚你想成为什么样的人，其他的一切与此相比，都是微不足道的。

年轻时，我曾看过一本令人震撼的杂志，名字叫"地球目录"。我们那一代人把它看作是当代《圣经》。编辑者叫斯图尔特·布朗，他如同一个诗人般为我们带来了这本神奇的书。当时已经进入20世纪60年代后期，个人电脑还没有出现。整本书都是用打字机、剪刀和偏光镜制造出来的，如同软皮包装的Google，而它离Google出现还有三十五年之遥。这简直是一个梦，包含了很多灵巧的工具和伟大的想法。

斯图尔特与伙伴们出版了好几期《地球目录》，直到最后一期，他们依然做得很认真。那已经是 20 世纪 70 年代中期了，我当时的年纪与你们相仿。在那期的封底上放着张照片，画面上是清晨的乡村公路（假如你感兴趣，绝对可以找到这条路），照片下面还附着这样一句话："求知若渴，虚怀若谷。"这是他们停刊的告别语。"求知若渴，虚怀若谷"，我很希望自己能做到这一点。此时，你们即将毕业了，就要展开新的人生旅程，我把这句话送给你们：

求知若渴，虚怀若谷！

谢谢你们！

激情，为创业助燃

STEVE JOBS

在大多数人眼中，设计和镶嵌工艺差不多。但对我来说，设计理念是产品的核心灵魂，外壳只是灵魂的表达。

——乔布斯

对电脑的热爱是从何时开始的，你的父母支持你吗？

乔布斯：他们非常支持我的选择。我的父亲是个机械工，他的手非常巧，能修好任何东西。他常常会把一些机械部件拆开，然后组装起来。他在我眼中最初的印象便是这样。后来我迷上了电子产品，他鼓励我也这么做。5岁那年，他决定搬家到帕洛阿尔托，我从此与硅谷结缘。

你在硅谷长大，对那里有什么感觉？

乔布斯：在当时，那里还是郊区，跟美国其他郊区一样，街区有许多小孩。入学前父母就教我读书，因此学校生活让我感觉无聊，甚至有些畏惧。三年级时，我还很调皮，整日给老师找麻烦，把蛇拿到教室里去，还去做炸弹玩。但是这种情况到四年级发生了改变，我认识了伊莫金·希尔女士，她是我生命中至关重要的人。她是我四年级的老师，不出一个月，她就对我非常了解，而且鼓励、激发我读书的热情。这使我四年级学到的东西比任何一个学年都多。四年级之后，他们想让我跳级去读高中，但被我的父母拒绝了，这是一个明智的决定。

硅谷对你的影响是什么？

乔布斯：硅谷的位置非常特别，位于两所非常著名的大学之间，一所是伯克利，一所是斯坦福。这两所名校吸引了众多成绩优秀的学生。他们从美国各地来到这里，后来他们都喜欢上了这里，便留了下来。新的优秀人才又源源不断地会集于此。

"二战"之前，斯坦福的毕业生比尔·休利特和戴夫·帕卡德二人一起创立了一家创新力十足的电子公司——惠普。之后的1948年，贝尔实验室发明了晶体管，威廉·肖克利是三名发明者之一，他回到了位于帕罗奥尔托的家，创办了一家小公司，名字好像叫肖克利实验室。他在世时，将十几名一流的物理学家和化学家集中于此。后来，人们逐渐开始竞争，相继创立自己的公司，就像是在地上撒了一把种子一样。渐渐地，硅谷形成了。

你是如何接触到电脑的？

乔布斯：我家隔壁的街区住着一个惠普工程师，名叫拉里·郎。我俩经常在一起，他教了我不少东西。我在惠普公司见到了我人生中第一台电脑，当时惠普每周二晚上都会邀请十个儿童去听演讲，并且允许我们操作电脑。那时我大约 12 岁，我还记得那天晚上他们展示了最新的台式机，还允许我们玩，那时我就非常想有一台属于自己的电脑。

后来是怎样的机缘使你去惠普上班的？

乔布斯：12 岁还是 13 岁那年，我需要找到一些零件做个东西，便翻黄页找到比尔·休伊特，并给他打电话。他是个很不错的人，接到我的电话，虽然并不认识，可还是和我聊了近 20 分钟。最后他给了我一些零件，并给了我一份惠普的暑假工作。我还记得我的工作是组装频率计数器，我负责拧螺丝，这份工作并不轻松。当时干什么已经不重要了，我觉得自己幸福极了，简直就像进了天堂。那年夏天，我收获颇丰。

你是怎么开始创业的，期间遇到了什么困难？

乔布斯：我和沃兹·尼亚克都非常热爱个人计算机。苹果公司是以我们俩为核心建立的。之前开发蓝盒子的经历给了我们很大的信心。但我们面对的最主要的难题是资金短缺。我们以 1300 美元起家，虽然通过苹果计算机赚到了第一笔钱，但这些钱远不够继续进行研发和营销。我曾经想过卖掉苹果获得相应研发资金，但最终我还是放弃了这个计划。我说服了马库拉加盟。马库拉帮助我们制订商业计划，更重要的是他为我们带来了最紧缺的资金。苹果的发展从此走上了正轨。

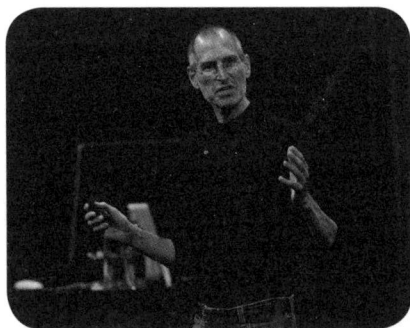

重返苹果

苹果公司不断发展，我与苹果管理层的矛盾却日益增多，最终我被自己一手创建的公司赶了出来。但是我始终认为我所做的一直是自己最热爱的事，所以即便遭遇了人生中最大的羞辱和挫折，我仍然选择坚持，让一切重新再来。这就是我成立 NeXT 公司的原因，事实证明我成功了，并且后来又成功收购了皮克斯公司。

1997 年时，苹果公司的境况已经十分糟糕，为了得到 NeXT STEP 操作系统，我又有幸重返苹果。这是我一手创建的公司，对于它我始终有着不同的感情，所以我没有理由拒绝。重返苹果，这算是我人生的又一次开始。

对苹果，我始终一往情深。能再次成为苹果的掌舵者，为苹果规划未来，我感到无比荣幸！

可能是受到这份激情的鼓舞，我的员工们有了新的方向与动力。他们成为我可以信任与依靠的左膀右臂。就像乔纳森·伊文，他是公司的"幕后功臣"，他曾说我的回归，让他选择了留在苹果。

我并不相信我一个人可以扭转一切，但是我相信团队的魔力。正是我们共同的努力，苹果奇迹般地在一年内扭亏为盈。1999年，苹果在个人计算机市场上的占有率由5%攀升到10%。2006年，苹果市值达到了721.3亿美元，这已经超越了戴尔。2010年，苹果市值升至2658亿美元，超过了微软。

WWDC 1998

我们可以把目光放到消费市场。可以说是苹果发掘了电脑的消费市场，但是随着时间的推移，不知道为什么苹果迷失了。去年夏天，苹果没有推出一件2000美元以下、有竞争力的产品，这很可怕。苹果要想回到消费市场，有些资源是极其重要的。第一个就是品牌。可以说，品牌在当今太重要了。世界让人疑惑，有这么多的产品向我们涌来，一个受信任的品牌就像一个受信任的朋友。所以，品牌对于一个公司来说变得前所未有的宝贵。苹果是世界上最著名的品牌之一，仅次于迪斯尼、索尼和耐克，在计算机产业中没有任何其他品牌可以匹敌。我们不断用品牌提醒大家，这家公司的产品和用户体验都很棒。有几亿人曾经用过苹果的产品。品牌比人们想象中更有生命力。

当然，每一个品牌都有过困难时期，就像几年前的迪斯尼，七八年前的索尼公司，包括耐克也存在这样的问题。但是当这些公司复兴的时候，他们的品牌比任何时候都强大。

很多时候，我们花费很大的精力寻找新顾客，寻找一次性的顾客，但是我们不可以忘记已经在使用苹果产品的老用户。苹果有2000万老用户，有趣的是其中1000万是家用的，大部分都用了三年或者三年以上了，我们希望他们会更新，但是他们没有，他们的更换率每年不及10%，这意味着他们对苹果有顾虑，苹果也没有推出吸引他们的新产品。除此以外，像我说的，教育顾客占据了大部分的消费市场，600万老顾客知道如何使用产品，使用苹果的软件，并有意愿购买更多的苹果产品，我们有义务帮助他们实现这一点，只有这样才能不断巩固并开拓苹果的消费市场。苹果在理念的传递上很成功。我们这个市场中的大部分竞争对手对营销都不在行。他们只是交易商品，这两种概念非常不同。

我们要进入消费市场，时尚非常重要。我十个月之前，发现了我在苹果见过的最好的工业设计团队。他们为我们的产品注入了时尚。我们认为这对消费者来说非常重要。打个比方来说，卡西欧 G-shock，这是当今世界上卖得最好的手表，而究其原因，它时尚的设计十分关键。我可以告诉大家一件关于手表的有趣的事情。十年前，在美国每个普通人有一块手表；今天，十年后，每个普通人有7块手表，这恰恰是因为设计。所以说设计很重要。而重中之重就是要易于安装和使用。苹果至今仍然是最容易安装和使用的产品。我们要把产品卖给那些不以此为生的人，要让他们可以便捷使用，这一点十分关键。我们觉得我们有非常优秀的产品，iMac 融汇了互联网的刺激与 Mac 的简洁。不仅如此，这个小东西的外观也十分漂亮——它整个是透明的，有着简洁亮眼的外壳。它是先进的一体机，电脑的全部配件有机结合成一个整体。我相信这是唯一一台如此出色的一体机，是你可以在电脑市场中买到的最好的产品。

反观我们的竞争对手，他们的产品运行速度慢，显示屏不出色，大多是 13 寸或 14 寸，而且其质量也不太好，没有平台，运用的还是陈旧的系统，电脑外观也无法吸引消费者。所以，看着这些既存的产品，我们应该思考，找准自己产品的定位。所以，我们要生产出色的产品，只有这样才能获得长久的生命力。我始终相信苹果电脑是你能买到的最好的产品。

几百万人买 Mac 是因为它可以做到其他电脑做不到的事情。它让人很激动，它不像任何其他的电脑。很多年来，苹果忘了这一点，忘了怎样与别人不同。我们不可以一直模仿过去的东西，但是我们需要从过去的产品中吸收苹果的哲学。我们对所有分散精力的东西说停，专注于一项事情，生产最好的个人电脑，生产消费者真正喜欢的电脑。它需要简洁、实用、效能极佳、性价比高。我们有这种创新能力在其中，所以我们更需要释放这种创新能力。

作为设计师，苹果是个绝佳的发展平台。我们在这里制造世界上最好的电脑，这就是让我心甘情愿为之付出的根源。"那看上去真棒。"当我第一眼看到自己的产品时，这种想法会马上浮现脑中。没有人可以形容这种感觉。这是我们第一次在这个产业中看到不那么平庸的产品。想象一下当你第一次拿到它时会是怎样的感觉。你可以单手拿起它，看着它漂亮的外观——简洁却不乏时尚，抚摸着颜色透明、手感极佳的键盘。这个轻巧的鼠标看上去与任何鼠标都不一样，开机后会绽出炫目的光。这一切的一切都是变革的趋势。你看到产品的一瞬间就会爱上它。当然，如此出色的产品背后需要的是我们最艰辛的付出。它的性能出色源于我们对它的内部进行了很大的改变。这些改变使它日趋强大，功能众多，既迷人又实用。这才是人们想要的产品。我觉得这是第一个能让电脑使用者满意购买的苹果产品。苹果的品牌始终代表着普通人，代表着大众市场，这对所有人来说都是绝佳的消息。第一台 iMac 生产出来的时候，我会站在流水线的末端等着它。我们经历了挫折，但是最终结果会告诉我们，这种等待是值得的。

你对未来五年的展望是什么？在那时，我们会使用什么样的设备？

乔布斯：在工业时代，处理器推动了整个个人电脑产业的蓬勃发展，经过一段时间之后，整个市场趋于疲软。之后随着网络的出现，个人电脑发展起来。每个人都需要更强大的电脑来连接网络，浏览器浏览也应运而生。此时，世界迎来了网络时代。

几年前，个人电脑作为一个多媒体中心实现了再一次的腾飞。个人电脑拥有数码摄像头、数码摄像机，个人通过它可以在网络上分享东西。个人电脑又进入到数码核心时代。

随后，我们又看到新一轮的剧变，也就是后个人电脑时代设备的到来，比如 iPad。这个范畴将会保持持续的革新与进步，我们将会看到越来越多的这样的设备。

你目前关注的行业热点是什么？

乔布斯：我关注的问题是，在未来五年内人们究竟要在个人电脑上做多少革命性的创新，还是专注于创造后个人电脑时代的独特设备。不过，真正吸引我的是后个人电脑时代的设备创造，因为它是从零开始并且更具专门化的设备。它们不需要继承之前数不清的应用程序，数不清的市场。因此，我认为在后个人电脑时代，巨大的变革即将产生。至于个人电脑方面，我认为微软正致力于研发一些非常酷的东西，但问题是数千万的用户对之前的产品已经相当熟悉了。他们并不想要六个轮子的车子，他们还是喜欢四个轮子的。所以，正如比尔所说的，有些时候你要知道外面的需求是什么，有些时候你要维持原状，在一些情况下你可以替代已经存在的。但是我认为，最具颠覆性的改变还将会在后个人电脑时代发生。

> 从现在开始五年后，智能手机或者我们所说的"口袋设备"会是什么样的呢？

乔布斯：我不知道，五年前我都不知道今天会有苹果笔记本电脑。但是，有些事情就是不期而至，人们喜欢它，习惯用它，它就会出现在那儿。所以，人们会持续不断地发明创造。我觉得，关键在于你要平衡好什么是大家需要的和什么是大家不需要的这两者之间的关系。很明显，你最需要的、平时携带最多的就是你的交流设备。与此同时，在不影响它沟通功能的前提下，你又想有一些娱乐功能。于是，我们就有了新的目标。

> 你怎样看待诸如社交网站、维基百科这些流行、时髦的事物？

乔布斯：如今，各种新鲜有趣的事物充斥了网络世界，但对我来说最有趣的还是给人们带来各种各样的新服务。你周围有很多很强大的娱乐功能，但最重要的还是如何在这些服务中提升自己的生活质量和效率。当你向别人展示的时候，你不用通过语言说服他们你有哪方面的优势；只要通过实际展示，他们就会意识到，这种产品的确很强大，我正需要它！我认为，在接下来的几年，事情会是这样的。

几年前你说不会涉足手机和平板电脑，当时你说平板电脑不是个好主意，还说不会做手机，但现在你两个都在做。这是为什么？

乔布斯：我们找到了一个方法来改变这一点，我们找到了一种方法来卖我们想卖的手机，按我们的方式为其定义，按我们的方式来控制，而不是让网络公司来控制。所以我们可以改变游戏规则。这也带领我们在手机产业取得了成功。

几年前你不知道你能改变游戏规则吗？

乔布斯：是的，我绝对没有想到过我们可以。我们有过一些讨论，但是我们并不认为自己可以做到。不过，也许这就是奇迹，我们最终说服了 AT&T，他们给予了我们很高的信任。我们之前从未介入过手机业务，也从未以任何形式涉足过手机领域。所以他们的信任是十分可贵的，他们相信我们可以在手机领域创造非凡的业绩。当然，如今看起来一切似乎都不错，我们改变了游戏规则。至于平板电脑，这其中的历程似乎是一样的。我记得当时说平板电脑上的手写可能是史上最慢的输入法发明了，它注定要失败。但我们尝试的是重新想象平板电脑。换句话说，微软在平板电脑上已经创造了很多有意思的东西，我们所需要做的并不是和他们竞争。我们重新规划、设计了平板电脑，所做的和他们完全不同。他们的产品完全基于造型师的打造，十年来始终如此。我们最开始的想法是如果单纯做一个造型师，那么便已经注定失败了。这其中牵涉了很多问题，他们的平板电脑是基于个人电脑而创造的，所有的个人电脑都有其电池寿命，也有自身的工作方式，也就是所谓的操作系统。他们需要一切精确的指示，可是一旦没有了造型师，指示来源就不复存在，那么个人电脑也就形同虚设。所以你需要完全不同的软件，不能单单依靠个人电脑的操作系统。你必须要备足弹药从头开始，因为如果不能重新规划、重新设计，个人电脑的应用是无法发挥作用的。于是我们打造了一个完全不同的神奇产品。

创造多重触点的 OS 时，你不是直接在平板
电脑中做的，而是在手机中做的。当时在创造
iPhone 的时候考虑要将其应用于平板电脑了吗？还
是说这只是个自然的进程，iPhone 长成了大孩子？

乔布斯：我告诉你个秘密吧！我是从平板电脑
开始的。我有个想法就是摆脱键盘，在多触点的
平面显示屏上打字。我问我的同事们我们可否有个
多触摸点的显示屏让我们可以用手在上面打字。大
概六个月之后，他们给我打电话并且展示了这个样
机，这很令人震惊。在 2000 年年初，我把它给了
一个非常棒的 UI 朋友，几周后他告诉我他做了惯
性滚动还有其他的一些东西。我们那时想制造个手
机，当我看到橡皮筋还有惯性滚动和其他东西时，我
突然意识到，我们真的可以就此打造一个全新的手
机。所以我就把平板电脑的事情暂时搁置一边，因
为手机更重要。接下来我们花了几年时间打造了
iPhone。当我们回头看时，我们认为可以继续下一
项工作了。于是我们把平板电脑从架子上拿下来，把
我们在手机中所学到的放到平板电脑中，开始了新
的工作。

专注，用执着前行

STEVE JOBS

佛教中有一句话：初学者的心态。拥有
初学者的心态是件了不起的事情。

——乔布斯

> 个人电脑衍生出很多的相关产业，比如搜索引擎等，这些公司也占据了很大的市场份额。对此你怎么看？你是否觉得他们是强有力的竞争对手？你担心会有更大的个人电脑公司出现吗？

乔布斯：我们并不尝试做很多事情，我认为一个公司不可能做所有的事情，一个公司只能专注于某一部分。你应该学会和其他在相应领域成绩斐然的公司合作。比如搜索引擎，我们并不想在搜索引擎上取得成绩，于是我们可以选择与搜索引擎的开发商合作。我们不在后台做地图的开发，因为已经有最好的地图客户端开发商，我们可以选择与这些开发商成为伙伴。我想要做的是服务于终端消费者的设备，可以把最前沿的信息和技术传递给消费者，我们要的是一个连贯的产品。

当然在有些情况下，迫于市场需要，我们要做的会更多。例如，iTunes 并不是专门做音乐频道的，但是由于市场空白我们不得不做，于是我们就有了音乐这一块，但有些公司做音乐的能力要远远好于我们，所以我们选择与他们合作。因此，你知道，我们是有选择性地去做。我觉得一个公司想要做所有的事是非常困难的。

对于那些我们选择做了和没有做的事情，我都同样感到自豪。有这样一个例子：多年以来，我们都想做出一款 PDA 产品，可是有一天我突然意识到，90％的 PDA 用户只是在路上从其中获取信息而已，他们不会将信息放进去。没多久手机就有了这个功能，所以 PDA 市场萎缩到了非常小的规模。我们选择不进入这个领域。设想当时如果我们选择了跟进，我们便没有足够的资源去开发 iPod 了。而那时我们恐怕连它的影子都看不见。

> 目前我们正经历着一个平台战争，你是其中一个重要的参与者，Google 与 Facebook 也是如此。你如何看待这种现状呢？

乔布斯：我从未想过与微软打一场平台战，可能这正是我们失败的原因吧！我们只是想尽可能地为人们打造出最好的电脑。当然我们想过与 Windows 平台竞争，但是我们从不认为自己参与了平台战争。我们只是想如何可以制造出比他们更好的产品。这是我们自始至终的目标。

那么对于 Google 公司呢，你如何看待你们之间的关系？

乔布斯：他们目前正致力于与我们竞争。在手机领域，Chrome 并不强大，所以我们还在观望。拿浏览器来说，我想我们都为此作出了贡献，但 IE 仍然占据着最高的市场份额。不得不说，火狐和 IE 的存在使 Google 和我们所做的显得无足轻重。你可能知道，几乎每个现代浏览器都以网络盒为基础，所以网络盒势头非常好，所有的网站都在对其进行测试。所以可以说我们为很多竞争者在手机领域提供了更好的浏览器，就势头而言，这为 IE 创造了一个真实的对手。

至于与 Google 的关系，我想创造比他们更好的产品，而我们确实是这样做的。这就是我们现在的立场。我们在乎的是创造更好的产品。消费市场最令我喜欢的就是，我们推出一个产品，告诉所有人，让他们自己投票。他们可以评价"好"或是"差"。如果说好的人数够多的话，我们明天就能有活儿干。一切就是这么简单。可对于企业市场来说就不是那么简单了。使用产品的人们并不能自行作出判断，而那些给出评价的人有时是糊涂的。所以我们愿意为人们做出最好的产品，让他们用消费投票告诉我们他们的感受，看看我们是否走上正轨。

> 在汽车产业，美国面对日本已经落败。有些人提出，在半导体公司的竞争中，美国也会败给日本。你觉得呢？

乔布斯：有些人觉得日本只是在模仿，但我不这么认为。在我看来，他们所做的是再造。他们会对那些已经问世的东西进行彻彻底底的研究，直至完全理解掌握，再优化这些东西。这种方法适用于那些像汽车、音响一样更新速度慢的产业。但是如果某项技术快速地更新换代，他们就需要拉长研究再造的时间，从而感到非常吃力，无法适应。如今，个人电脑的技术日新月异，这个速度使他们模仿再造困难重重。但是，一旦发展的进程慢下来，他们就会东山再起，尽全力抢占市场。只需四五年的时间，日本人就能生产出质量很好的电脑。因此，我们必须在四年内成为具有世界水平的厂商，才能在这一市场中站稳脚跟。现在我们在制造技术上已经不落后于日本，甚至可以说我们的水平已经超过了日本。在设计麦金塔电脑的同时，我们还设计了一种生产它的机器。在这方面我们投入了2000万美元，建成了电脑制造工厂，目前，在行业内没有比它自动化程度更高的了。但这并不意味着我们

可以高枕无忧了。一般情况下，一座工厂在七
年后就该更新了，但我们要在两年后就进行更
新。到 1985 年时，这座工厂将停止使用，同时
第二座工厂的建设将开始。

> 对苹果来说，日本公司并不只是竞争对
> 手，对吗？比如，你的磁盘驱动器便是从索尼
> 购买的。

乔布斯：我们的许多配件都是从日本购买的。我
们使用了世界上最多的微处理器、RAM 芯片、磁盘
驱动器和键盘。使用别人的零件，可以让我们节省
出更多的精力，放到软件开发上。

> 现在苹果处于领先地位，这让你很自豪。有
> 些公司虽然早就创立了，但现在却要跟在新企
> 业后面亦步亦趋，你是怎么看待这种现象的？

乔布斯：这是在所难免的。更新换代，老
旧的东西被社会抛弃，这也是苹果要面临的严
峻考验之一。我们会尽力朝更高远的目标努力。

你几乎一夜间就获得了成功，对此你有什么看法？

乔布斯：以前，我的脑子里产生过一个想法，就是一年卖出 100 万台电脑，当时只是想想而已。可是一旦你的理想实现，就会有完全不同的感觉了。在那一刻，我心里想的是"天哪，我真的办到了"！但是，成功的感觉只存在于一瞬间，而成功却绝非一朝一夕就能达成的。到明年，苹果问世已有十年了。可是我的一生，在一件事上从来没有投入超过一年的时间。每一年都是由很多的困难和成功交织而成的，在这个过程中，我的经验也越来越丰富。

你曾经在印度修行，那段经历对你有什么影响？

乔布斯：我在印度的村庄待了七个月。再回到美国，我看到的是西方世界的疯狂和理性思维的局限。只要你坐下来静静地观察，你就会发现心灵多么焦躁。你试图平静，但情况却更加糟糕。

但时间长了你总会平静下来，心灵有空间让你倾听更加微妙的东西——这样你的直觉就会发展，看事物的眼光更加透彻，也更加能够感受现实环境。你的心灵慢慢平静下来，视界大大延伸。你能看到以前看不到的东西。你必须不断地进行这种修行。

在你余下的人生中，你有什么计划？

乔布斯：印度有句古谚："你人生的前 30 年里，会养成很多习惯；而之后的 30 年，就要靠这些习惯来成就你。"现在，我很快就要步入 30 岁的门槛，时常会咀嚼回味这句话。我和苹果的联系无论如何也无法切断，就算有几年我离开了，但最后我还是会回来的。

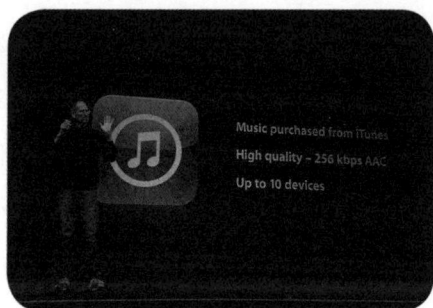

2010 特别新品发布会

iOS 是我们给移动设备使用的操作系统。它是一种触摸屏和应用程序的解决方案。在 iPhone 之前，触摸和键盘是两种完全不同的使用体验。iPhone 彻底地改变了人们使用手机的方式。我们现在有了这三款产品，iPhone、iPad 还有 iPod touch。从 iPhone 发布开始我们已经卖出了 1.2 亿个 iOS 设备。

大家都纷纷猜测到底苹果每天激活多少台 iOS 设备，现在我可以告诉大家，我们每天激活 23 万台 iOS。这些只是新激活的数目，有一些我们的竞争对手会把更新的数目也算进去，如果我们把更新也算在内的话，所得将远远超过这个数字。我们认为最正确的方式是只计算最新激活的数目。23 万，我们遥遥领先。在应用程序商城，iOS 软件有超过 65 亿次的下载，每秒钟就有 200 次应用程序下载。这个数字是非常惊人的。我们已经有了超过 25 万个应用程序，其中有 2.5 万是 iPad 的应用程序。

今天，我向你们介绍一个即将发布的 iOS 系统——iOS 4.1，里面有一些非常酷的东西。我们修复了很多系统漏洞，例如，蓝牙的漏洞、iPhone 3G 运行漏洞、iOS 4 运行不良的问题等，我们已经成功地解决了它们。第二点，我们在 iPhone 4 中加入了 HDR 技术，它将会成为 iOS 4.1 的标准。它可以通过 Wi-Fi 上传高清视频，并且加入了 TV 节目的在线租借，同时还有每个用户都可以使用的游戏中心。这也将会成为很重要的一部分。那么，什么是高动态范围（High-Dynamic Range）照片？当你照相时，会有很多不同的光下效果。HDR 照片会自动拍取 3 张独立的照片，分别在高亮度、阴影、适度曝光下拍摄，把它们合并在一起，就得到了 HDR 照片。这非常的神奇。并且我们把原始效果照片和 HDR 效果照片都保存在图册中，这样你就可以自己进行比对，使用你喜欢的那张。对于一些照片来说，这项应用意义重大。

另一个是游戏中心。游戏中心是用来让多人一起玩游戏的。你可以挑战你的朋友，或者让他们挑战你。当然，如果你一个朋友都没有，你还可以自动匹配其他人来一起玩。这非常的棒。你还可以对比成绩，发掘你朋友在玩的游戏。所以，它非常棒。举个例子：这是 THOR，他是我 73 位好友之一。游戏中心里，我有 19 款多人游戏。我已经从游戏中心下载了这些游戏，比如《愤怒的小鸟》。我可以查看最新版本的《愤怒的小鸟》，查看成绩以及我和我朋友的情况。如果我邀请两个朋友，苹果 seed 和 THOR，游戏中心会自动匹配另外两个能力差不多的游戏对手。这张就是别人邀请我游戏的照片。我可以选择接受或者拒绝。这就是游戏中心。它非常让人振奋。

iOS 4.2 将会在今年年底问世，它是专门给 iPad 设计的。它把所有的功能都加入到 iPad 中去。所有 iPhone 上实现的功能都会放在 iPad 上，多任务处理、文件夹、游戏中心、HDR 照片，所有在这儿可以看到的，在 iPad 上都可以看到。

还有无线打印，我们把无线打印加入到了 iOS 4.2 中。我们还加入了一个非常酷的功能叫 AirPlay。现在让我展示一下这种无线打印的流程。比如，我们想要打印一个 iPad 中的文档。我们用手指点击一下工具，再点击一下打印。打印机选择好了之后，这个打印的程序就会出现在多任务处理的第一个，我们可以查看它打印到第几页了，也可以随时取消打印。

什么是 AirPlay？大家都知道 AirTunes 是如何工作的——通过无线电可以收听你家附近的音乐。我们现在把名字从 AirTunes 改成 AirPlay，因为通过它，你不仅仅可以收听音乐，还可以通过无线电播放视频和音频的流媒体。先来看看它是如何工作的吧。我打开我的 iPad，进入主菜单，打开 Pandora 应用。我们可以点击播放音乐，我现在使用的是多任务处理功能。我们可以一边查看邮件，一边让 Pandora 在背景中播放。邮件中，我们有连线邮件，有来自 Gary 的两封邮件，还有一封是关于吉他的，让我们点进去看看。我们就直接进入了网页。我们也可以停止播放音乐。这些都非常简单。

接下来我再向大家介绍一下文件夹功能。我可以直接把美国国家公共广播电台（NPR）拖曳到《华尔街周刊》上面，这样可以直接建立一个新的文件夹，名为"新闻"。我可以重新命名这个文件夹，把《金融时报》（FT）、"编辑的选择"放进去；我也可以随心所欲地把整个文件夹放在我的快捷菜单里面。现在我的 iPad 上就有了一个新闻的文件夹，里面是我所有新闻的应用程序。在 iPhone 上，所有人都很喜爱这些功能。我们迫不及待地将这些功能应用到我们的 iPad 上。

接下来，我们进入今天的正题——iPod。我们将展示我们公司最酷、最炫的音乐产品。让我简单介绍一下 iPod。我们卖了多少 iPod？2.75 亿。iPod 成功的原因之一是，即便 iPod 已经拥有非常高的市场份额，我们也从来都没有停止过脚步。每年我们都会对 iPod 进行更新，让它变得更好。

今年我们的野心更大。每一个型号的 iPod 都会在今年更新——前所未有、最大幅度的一次更新。这是我们第一代的 iPod shuffle，iPod shuffle 是听音乐的一种极致享受，它让我们用非常简单的方式来收听音乐。第二代的 iPod shuffle 更出色，体积更小，还设计了转圈按钮，使用起来非常简单方便。第三代产品，我们取消了所有的按钮，加入了声控功能。你可以用语音控制你的播放列表。但是，显然，消费者还是很怀念按钮。人们喜欢第二代的按钮，并且还喜欢第三代的声控播放列表，于是我们就将二者合为一体。新一代的 iPod shuffle 比第二代的体积更小，它有按钮、声控功能和播放列表，并且它真的非常小。

　　它依然配有小夹子，你可以带着它到处行走。它非常可爱，你把它夹在衣服上就可以出门了。它还有一些非常杰出的特征：小巧、便携、简单易用的按钮，自由调节音量，轻松切换到上一首或者下一首歌曲，还有播放列表。你可以声控你的播放列表，就像使用第三代 iPod shuffle 那样，随便选择你想要的播放列表，混合音效。你可以通过声音控制音乐和歌手、播放列表，混合音效。电池电量可以使用 15 个小时。它是非常迷你、可爱的产品。它有五种不同的颜色供选择。但它仅售 49 美元。这就是新的 iPod shuffle。我们才刚刚开始。

　　接下来，让我们谈谈 iPod nano。你可以看到这个是第一代的 iPod nano，这是一个巨大的突破，是第一个可以播放 FLASH 的音乐播放器。第二代、第三代就更棒了，第四代的屏幕更大。最近的一版，屏幕更大了。我们如何让它更出色呢？我们想把它变得更小、更好。把它变得更小，只有一种方法，就是把下面的按钮部分去掉。把下面的按钮部分去掉，只有一种方法，就是把屏幕变成触摸屏。把它变成触摸屏也只有一种方式，就是多点触摸。这就是我们做的事情，新的 iPod nano 具备多点触摸功能，并且非常小。你可以用两个手指夹住它。因为它是如此的小，我们甚至可以在它上面也加上一个夹子。它也可以随身携带。

　　因此，它就具备了多点触摸的用户界面，体积减小了 46%，亮度增加了 42%，几乎只有以前的一半大，却比以前亮了一倍。

这种事情并不常见。它还有一个夹子，当你想要运动的时候，你只需把它夹在衣服上，再也不需要手腕带。它还具有音量调节、声控功能、FM 广播、Nike+、计步器等功能，并且支持 29 种不同的语言。对此，我们非常满意，而且它还可以连续使用 24 小时。

在它的屏幕上有很多不同的界面，包括主界面、音乐界面、图片界面、设置界面、专辑界面等。前两个是广播界面，上面还显示时间，效果跟真实的钟表一样。这就是 iPod nano。它的运作模式是这样的——我点击歌手的名字，找到我想要听的歌曲，只需要轻轻点击一下就可以直接播放了。还有一些控制按键让我可以跳到下一首或者前一首曲子中去。你可以选择不同的模式，也可以轻松地回到主菜单。

其他界面还有广播、电台、图片和设置等。它们提供了很多听音乐的不同方式。我经常收听专辑，就可以拖动专辑的图标，拖曳到首页上去，这样我就可以上下滑动查看专辑中的曲目。这非常简单。

我想要给大家展示的一项功能就是用两个手指转动一下，就可以轻松地反转屏幕。最后，让我给大家展示一些照片。现在是倒转的屏幕。我的生活的很多方面都是颠倒的。你可以看到图片是什么效果，效果非常的好，手指轻轻一划就可以翻页。这就是 iPod nano 的一些新的变化。新的 iPod nano 有和 iPod shuffle 一样可供选择的五种颜色，除此以外，还有另外两种颜色。手里可以拿着这么小的东西听音乐是一件非常神奇的事情。它一直都很神奇。这张就是 iPod nano 的包装照片。8G 版本售价是 149 美元，16GB 的售价是 179 美元。本季度将与 iPod shuffle 一起上市。

因此，我们有了新的 iPod shuffle，iPod nano，剩下的就是 iPod touch 了。

iPod touch 一向是我们推出的非常杰出的产品。它已经成为了最流行的 iPod。以前是 nano，现在是 touch。很多人称之为没有电话功能的 iPhone——它当然也是没有合约的 iPhone。更加难以置信的是，它还成为了世界上销量第一的便携游戏机。iPod touch 比任天堂和索尼掌上设备加起来卖得还要多！这非常的神奇。它在美国和全世界范围内获得了超过 50% 的移动游戏的市场份额。并且通过 iPod touch 下载的游戏和娱乐组件超过 15 亿。那么，对已经如此成功的 iPod touch，我们还能做些什么？我们可以将它做得更好！我们将改变它，这是新的 iPod touch，它更薄、更漂亮。

你可以看到的这个是上面的效果，还有底部的效果，有扬声器，还有耳机插孔。更加不同凡响的是我们内置的功能。iPod touch 有非常棒的视觉效果，与 iPhone 一样领先的技术。它有 4 倍像素，326 PPI，24 位色彩 LED，这是世界上最好的视觉效果。这也是每一个看过 iPhone 的人的评论。现在，iPod touch 也具备了这样的功能。

苹果 A4 芯片和 iPhone 的芯片是一样的。它拥有 3 轴陀螺仪，iOS 4.1 游戏中心和前置摄像头及视频聊天功能。后置摄像头同样也兼容 HD 高清视频的拍摄。所有这些都在这台薄薄的机体中。它可以支持 40 小时的音乐播放。这就是新的 iPod touch。这是前置摄像头和后置摄像头。你可以在上面剪辑视频，可以通过无线和 iTunes 上传这些视频，可以从 iMovie 上购买视频。所有这些可以在 iPhone 上实现的功能，在 iPod touch 上都可以实现。而且，你可以使用 FaceTime——不只是和其他的 touch，和 iPhone 也可以实现。我们对此感到非常兴奋。

iPod touch 上设置了游戏功能。我们对这个产品感到非常兴奋。这张是包装照片，它有三种不同的版本。8GB 版本售价 229 美元，32GB 版本售价 299 美元，64GB 版本售价 399 美元。这个新的 iPod touch，将与新的 iPod shuffle、iPod nano 一起，作为新系列产品在本周上市。你们在下周就可以买到，今天就可以预订到。我们对新的全线产品感到非常的兴奋。我们为人们即将开始购买这些东西而感到异常的兴奋。这些就是新的 iPod。

现在，就像你知道的，iPod 与 iTunes 是一个伟大的二重唱。iTunes 是相当出色的。人们从 iTunes 下载了 117 亿首歌曲。下载的电视短片超过 4.5 亿，电影超过 1 亿，书籍超过 3500 万。还有 1.6 亿个含信用卡的一键购买账户。因此，iTunes 是非常神奇的东西，它是排世界第一的在线媒体商店。

今天我们很荣幸地发布下一代的 iTunes 产品——iTunes 10。现在大家看到的这个是我们使用了十年的图标。我们认为由于 CD 已经快要淡出市场了，可能是时候把 CD 从图标里去掉了。因此，现在大家看到的这个将是我们 iTunes 10 的新图标。那么我们都干了什么呢？有哪些创新呢？

我们把它做得更美观和简单。这是缩略视图，这是列表视图，现在你会注意到在列表视图，专辑这栏的专辑名重复着，有点浪费空间。现在我们使用混合视图，用专辑封面代替了这些重复的专辑名。

当然我们拥有封面秀，而且我们也有 iTunes 商城。我们需要重点关注的是 iTunes 上的发现功能（discovery）。iTunes 里面有 120 亿首歌曲，我们怎么才能找到新的东西？我们想要展示一些新的东西，人们总是这么问，我的朋友们在听些什么歌呢？我现在最喜欢的歌手是谁呢？我的朋友都去听什么音乐会呢？如果我看到了一些非常好的东西，我想要告诉我的朋友们，但是却没有一个很好的方式来处理这样的事情。

因此，在 iTunes 10 中，我们加入了一个非常酷的功能。我们称之为 Ping。Ping 是什么东西呢？它是一个音乐社交网络。它就像 iTunes 里见到的 Facebook 和 Twitter 一样。它并不是 Facebook，也并不是 Twitter，它是一个音乐的社交网络。而且它是 iTunes 10 内置的。这样你就可以关注你的家人和朋友，发掘他们谈论的音乐，试听并且下载。

在这里，你可以看到 iTunes 商城和 Ping 应用。如果你点击它，你就可以看到所有你最近听过的音乐。你只需输入朋友的名字，就能找到他们——如果他们注册了 Ping，并且允许你搜索他们的话。你只需一个简单的操作就能关注他们发布的信息，并且你能看到一个用户最喜爱的前十名排行榜。你可以定制属于自己的前十名排行榜。如果你想要关注 Lady GaGa，你只需要点击一个键，她所有发布的信息、和她相关的所有的内容都会直接传送给你。就是如此简单。所有我们浏览过的都会留下足迹，如果我们关注了，所有这些信息都会显示到我们的页面上去。

Ping 是用来发掘社交网络音乐的。你可以关注别人，也可以被关注。它是这样运作的——如果一个歌手举手表示，他愿意被任何人关注；那么你通过点击就可以关注他们。你自己也可以这样，表示任何人都可以关注我。任何想要关注你的人都可以关注你。或者你可以设置，人们可以关注我，但是需要得到我的许可，因为我有点特别。那你该怎么办呢？你就设立一个朋友圈子。我和我的 10 个朋友建立一个小圈子，里面每个人都可以互相关注。我们这个小圈子中任何一个人听到了一首非常好听的歌曲都可以发布出来，这样圈子里的每一个人都可以立即分享到这首曲子。我们这 10 个人可以有一个下载前十名的歌曲排行。你可以如你所愿地选择私人还是公开，而且设置起来超级容易。你可以随时随地地发布你的想法和观点。你可以有用户歌曲和专辑列表。这里有超过 17 万的演唱会列表。你可以查看到你所有喜爱的歌手的演唱会信息。你还可以自动接收到这些演唱会的提醒，且立刻 Ping 给全世界 23 个国家 1.6 亿 iTunes 用户。我们是从一个非常大的用户群开始的，他们都可以立即注册 Ping。因此，它非常的酷，现在我也很想跟大家分享一下。

我现在进入到 iTunes 里面，这就是我新的浏览记录。你可以看到并没有很多多余的空间，但是我们有歌曲的名字和专辑的信息。专辑的封面也不会占据额外的空间。我现在将如何操作呢？我会点击这里的 Ping。这就是我的页面。

举个例子，我关注 Jack Johnson，就可以看到他发布的一些信息。我只需要点击即可查看他刚刚发布的照片。而 Philip 刚写了点东西——我也可以对其进行评论。Eddie 发布了一首歌，我马上可以试听，如果我想买也可以购买。我可以看到那张专辑中所有的歌曲，听任何人的歌。这些都非常简单。比如说如果你进入 Katie 的页面，你可以看到所有 Katie 喜欢的音乐。你可以试听这些曲子，也可以查看这些专辑。一切都是这么简单。

Katie 留言的下面是 Lady Gaga，她刚发布了一段视频。任何人都可以随自己的心意发布视频、音乐、图片等。下面还有一些演唱会信息，附近将举办一场音乐会。

我也可以回到我的页面，这里有我最近听过的一些歌曲，我还可以查看活动。这里你可以看到它说史蒂夫正准备去旅游。所有关注我的人都可以看到这条信息。你可以看到我正在热追的曲子。我还对 Jack Johnson 的照片进行了评论。我做的所有事情，圈子里的朋友都可以查看到。我的朋友和家人，或任何我允许的人都能看到我所做的全部活动。

总而言之，它是一个音乐社区网络。现在 Ping 不仅仅能在你的电脑上使用。它同样可以在你的 iPhone 和 iPod 上使用。现在你就可以在 iTunes Store 上见到它，那里有一个 Ping 的按钮，只要点击它，你就可以把你最近的活动直接发布到手机或者 iPod 上。

Ping 是一个音乐的社会网络，苹果创造了它，它内置在 iTunes10 中。来自世界上 23 个国家的 1.6 亿用户今天就可以在 Apple.com 上免费下载到它。这就是我们关于 iTunes 的更新。

我接下来要说的是苹果电视（苹果 TV），我们四年前就开始做了，也卖出去了不少，但它一直没有造成太大的轰动。和其他的产品相比，它一直都没有得到热捧。

但是我们和用过苹果电视的人聊天发现，他们喜欢这玩意儿。他们非常喜欢它，并且经常使用它。那么我们从我们的用户中学到了什么呢？我们从过去的四年中学到了什么呢？

首先是，他们想要什么？他们想要在任何想看好莱坞电影和电视节目的时候都可以观看到。这很简单。他们不需要普通的节目，他们想看好莱坞电影和电视剧。他们需要的是专业内容，而且是高清的。一旦有了一个高清设备，每个人就都想要高清设备。他们想用较低的价格获得内容。价格越便宜，他们看得会越多。他们不想在电视机上再放一台计算机。他们看电视是为了娱乐，而不是再来一台电脑。这对一些人来说有点难以理解。但是对消费者来说却很好理解。他们明白，他们从来没想过要整理存储空间。他们不想要管理这些东西，他们只是想看电影和无聊的电视节目，而且用户不喜欢无端的同步文件，很多人都不知道那是干什么的。他们想要在电脑里放置一些东西，但是却没有想同步到电视上，这对他们来说太复杂了。他们希望无论硬件怎么样，都要保持酷、小巧。这和很多公司的想法大相径庭。无论我们是对是错，这就是我们从客户身上学到的东西。因此，我们为他们带来了些新的东西，这就是新的苹果电视。

它的体积很小，是原来版本的四分之一，你用一只手就可以拿着。它是一个很小的盒子，哑光黑，后面有个开关键。在背面有 HDMI 接口、USB 接口、音频光纤接口和以太网接口，支持 Wi-Fi 802.11n。它甚至不需要网络连接。它非常简单，你只需要把接口连接上，按下开关就可以了。它有个很棒的遥控器。它主要是用来看电影和电视节目的，所有的节目都是 HD 高清视频的。而且我们提供租赁服务，所有的东西都是租赁的。这些都是租借的，你没有存储的麻烦了。因为你不需要存储了，只要租借下就可以了，并且租赁的费用非常便宜，即便是租赁下来看很多遍也是非常便宜的。

你可以从你的计算机中输出内容，照片、音乐、视频等，这不需要同步。你还可以以幻灯片的方式播放照片。它安静、低温，并且小巧。iTunes 拥有世界上最丰富的在线电影和高清电影库。用户可以以 4.99 美元的价格租借。在线图书馆非常棒，电影非常棒，价格也非常便宜。以前买电视节目需要 2.99 美元，人们会说太贵了，但是现在租赁只需要花 0.99 美元就可以了。记住，这些都是商业免费的。这一点非常好。这对一些电台来说是一大跨越。目前我们获得了 ABC 和 FOX 的支持。只需要 0.99 美元就可以看到他们的电视剧，而我们认为其他的电台会慢慢跟进的。

除了租赁电影以外，你也可以通过 Netflix 在线观看好莱坞的电影。如果订阅的话你将有很多免费的电影。你可以在 YouTube 上看任何你想看的东西，包括他们所有的高清视频。你可以从 Flickr 和 MobileMe 上获取照片，而且你还可以从电脑上听音乐和观看照片、视频等。

现在就是 UI 的真面目了，非常简洁。电视、电影、网络、电脑、设置，就是这么简单。你现在看到的都是上榜最新电影。如果想租借的话只需单击一下就可以了。你可以在第一时间看到番茄评论。如果你想要看到更多的内容，你只需要点击查看，就可以看到编辑的具体内容，其他人的评论，甚至还有一些媒体的评论。

如果你想看排行榜靠前的电视节目，只需点一下，0.99 美元，你就租赁了一个节目。你几乎可以立即开始观看它。在互联网上，你可以观看 Netflix，YouTube，Podcasts 上的视频、电影等。我可以把它们连接到我的电脑上听音乐，查看电脑上的东西。

这些都来自这个非常小的盒子。非常神奇，我现在想给大家展示一下。你可以看到它播放出不同种类的幻灯片，如果是你个人的照片，效果会更好。

让我们回到主菜单来看看热门电影。这些都是在线直播的。

如果我们要租赁一部《钢铁侠》的话，首先我们可以免费观看一段预览。我只需要把它往下滚动，就可以看到演员还演过其他什么电影。我还可以查看用户评论和番茄评论。我决定花 4.99 美元去租赁它，稍等几秒钟，它就会告诉我一切准备就绪，我可以选择现在观看或是稍后观看。

现在让我们看一看电视节目部分。电视节目都集中在一块显示，每一季有哪几集我没有看过一目了然。我也可以重新安排这些内容。网络部分也可以查看这些非常棒的东西，让我们看看 Netflix，你可以看到这些列表，列表里面的东西都是免费的。对 Netflix 来说这是目前最棒的应用了，使用方便而且电影效果非常不错。电脑部分，你可以利用它看不同种类的照片。你可以用幻灯片的方式查看这些照片。

苹果电视原来的价格是 299 美元，根据我们从用户那里得到的反馈信息，他们希望它的价格变得更容易接受一些。299 美元，很多用户都不知道这个设备有哪些功能能够值这么多钱。所以我们降低了它的售价，从 299 美元直降到 99 美元。苹果电视将在四周后发行。你今天就可以订购了。

今天是 9 月 1 号，让我们回顾一下今天所提到的东西。新款 iPod，新款 Shuffle，新款 Nano，新款 iPod touch。小巧、高集成度、便携，这是史上最强的 iPod 产品线。还有新版 iTunes 和 iTunes Ping，这是一个音乐的社交网络。我们认为它很快会变得非常流行，因为有 1.6 亿人将会在今天注册使用它。而且，它还能在你的 iPhone 和 iPod touch 上运行。iTunes 10 拥有很多新特征，我们认为它会成为新的赢家。还有 iOS 4.2，高清照片、游戏中心等。苹果电视将让你体验看电影或电视的一个创新。你可以在家里以任何方式看电视剧，还可以从任何设备传送到电视上，或从你的电脑传到电视上等。这就是我们今天发布的所有产品。

TIME

nside Steve's Pad

ow Jobs works *by Stephen Fry*

he tale of the tablet *by Lev Grossman*

创新，引领潮流脉动

STEVE JOBS

想象和创新是不受限制的，总会有好的新事物出现。

创新可能来自走廊上的一次偶然碰面，可能来自晚上十点的一个电话交流，也可能来自一个分享新点子的临时会议。在创新的同时必须懂得说"不"。我们必须学会把精力集中到最重要的地方。

——乔布斯

Back to Mac 2008

　　今天，我想和大家共同讨论并分享四件产品。我要介绍的第一件产品就是 Leopard。在 Leopard 发布后的三个月，我们已经售出了 500 万份产品。不敢置信，对于 Mac OS 系统来说，这绝对是最成功的产品，史无前例。而这又带来了怎样的结果呢？结果是将近 20％的系统用户成功升级到了 Leopard。无论是对我们自己还是广大消费者，这都着实让人惊讶。所以，我真的为此感到十分激动。

　　事实上，Leopard 也将成为一项具有决定性意义的成功产品，同时也代表着商业性的成功。《华尔街日报》的专栏作家莫博士曾经评论说："在我看来，相较于 Vista 系统，Leopard 具有明显的优势。它实际上是一种性能更强、速度更快的系统。"《纽约时报》评论员大卫·罗根也曾评论说："Leopard 是一个集强大、完美与细致于一身的杰出构想。"《今日美国》的评论员说："拥有 Leopard，苹果的操作系统将会在美观与技术上获得更大的优势。"我们还可以在《计算机》杂志上看到这样的评价："这是到目前为止最好的一个操作系统，它真正迎合了广大用户的切实需求。"

除了这些舆论的赞美之外，Leopard 系统还得到了更为广泛的应用。而我今天要宣传的其中之一就是 Office Mac 2008，这是最新一款 Office 软件。事实上，微软目前也在应用 Office Mac 2008。这是最后一个支持原生 Intel 的大型软件，现在我们终于实现了 Mac 电脑上所有大型软件均支持原生 Intel 的目标了。在此，我要感谢 Adobe，感谢微软。

所以，对于 Mac OS X 系统来说，我们的前景是十分可观的。而其中的 Time Machine 更是一个十分优秀的产品，因为它可以神奇地备份用户手中所有的资料。它也非常易于操作。其实，对于笔记本电脑用户来说，频繁地插拔移动硬盘是一件十分恼人的事情，我相信大家都希望能够享受简单、便捷的操作。所以我要介绍的第一件新产品就是专门为 Time Machine 创造的，我们称它为 Time Capsule。但它究竟是什么呢？事实上，它十分小巧，是一个专门用于备份的产品。它的内部核心其实是 AirPort Extreme 和硬盘。它可以很好地支持 802.11n 无线蓝牙。所以，可以说这个产品是十分值得信赖的。正是这两项十分重要的内部元素构成了 Time Capsule 这个新产品。它可以借助无线网络将你笔记本电脑中的内容备份到 Time Capsule 中，由此你可以随时随地方便地使用这些资料。无论是笔记本电脑用户还是台式机用户，你所需要做的只是打开 Time Capsule，借助这个媒介而已。这简直太棒了！

我们将提供两种规格的 Time Capsule 产品给广大用户。一种是 500G 硬盘容量的 Time Capsule，而另一种是 1TB 硬盘容量的产品。500G 容量的 Time Capsule 售价仅为 299 美元，而 1TB 容量的产品售价也只有 499 美元而已，这两款均是不错的选择。毕竟我们的最终目的是每个用户都可以享受到新产品所带来的便捷。Time Capsule 将于今年 2 月正式发售，这将是一款不可思议的优秀产品。

关于 Time Machine 的性能，我们已经了解了很多，而上周我们也已经为 Time Capsule 推出了广告。这就是我们的 Time Capsule，Leopard 系统下完美、便捷的代名词。这就是今天我和大家分享的第一件新产品。

现在该说第二件产品了，苹果的明星产品 iPhone。我将告诉大家一些令人激动的好消息。到今天为止，距 iPhone 新品发售仅仅 200 天而已。而我十分高兴地告诉大家，就到今天为止，我们已经销售了 400 万台 iPhone。如果将这 400 万台 iPhone 除以 200 天的销售时间，我们可以看到平均每天我们都能销售 2 万台 iPhone。所以，我真的感到十分兴奋。

那这对于整个电子市场又意味着什么呢？我们可以看一下美国智能手机的市场占有率。通过这个图表我们可以看到 RIM 占有了 39％的市场份额，这的确是一项伟大的工程。其次是 iPhone，我们拥有 19.5％的市场占有率。接下来是 Palm 9.8％、Moto 7.4％、Nokia 3.1％，剩余 21.2％的用户使用着其他一些品牌的智能手机。而我们的焦点在于，iPhone 占有了将近 20％的美国市场。有趣的是，Palm、Moto、Nokia 三个品牌的市场占有率加起来与我们前 3 个月的市场份额大致相同。所以，我们在之前的销售中取得了不错的成绩。这就是我们前 3 个月的销售——400 万台的骄人销量。

我想大家更为关注的是我们即将在 2 月发布的 SDK，这是一个让人惊叹的软件开发工具包。届时，iPhone 将能够支持更多的软件，而广大用户也将享受到更多软件带来的乐趣。不过，今天我想给大家展示一些新东西，我们知道 iPhone 将拥有一些无与伦比的新特性。第一个便是地图定位功能，你可以通过地图定位清楚地知道你目前所处的位置，并在地图上准确地找到它。第二个是首页链接功能。你可以将你所喜欢的网站保存在你的首页上，这个功能将允许你最多保存 9 个链接，以便随时访问。第三个是桌面定制功能。你可以根据自己的需要排列桌面图标，更改图表顺序，定制符合自己需求的桌面。然后是短信群发功能，你可以一次同时给多人发送信息。与此同时，当你观看视频的时候，你可以将视频分节，为其添加字幕并选择语言。而且，它还将和 iPod 一样，支持歌词同步。所以，现在我将向大家展示这些新特性。

首先，让我们先来看一下地图定位。现在我们看到的是一张美国地图。你可能会感到有些疑惑，搜索和定位键究竟在哪里？事实上，我们点击屏幕右下方的按钮，页面便会翻起，而我们看到的就是搜索和定位键。正如刚才大家所看到的演示一样，这就是地图定位，而根据地图定位显示，史蒂夫就在会展中心。现在，我想同时发送一条信息给很多人。通过短信群发功能，我可以将这条消息同时发送给这四个人，这真的十分方便。大家都知道，短信群发可以显示用户与接收者之间的对话，所以在我发送信息之后，我可以返回列表界面，这样就可以看到收信人列表，同时我还可以继续给其他人发送消息。这些工作只要动动手指就能完成，真的太棒了！至于首页链接功能，它是一项十分神奇的新功能。现在我打开苹果主页，接下来打开谷歌浏览。谷歌真的是一款非常好的搜索引擎，同时它也能很好地支持 iPhone 的运作。我想谷歌搜索页面将会是我常用的网页。现在，在页面下方中间位置显示的是添加键，我可以点击它，而接下来会发生什么呢？我除了可以添加一个常用书签外，还可以增加一个新的主页链接。与此同时，我还可以将链接用邮件发送到 iPhone 的桌面上。大家可以看到，我就这样将谷歌的图标添加在桌面上。事实上首页链接功能的意义远远大于网页浏览，它可以记忆并保存我们的浏览历史。现在我再为大家演示一下这个功能。打开《纽约时报》的网页，选择其中的一个链接，点击屏幕下方的按钮，将其添加为主页并将其发送到桌面。我所需要的全部操作只是点击按钮，所以，这个功能真的十分简单、便捷。

接下来，我要定制我的桌面。我只需要触摸其中一个图标几秒钟，图标就会开始抖动，这样我就能调整它了。这是一件很好玩的事，我可以调整桌面图标，交换它们的位置，把这一界面的图标移动到下一界面上。当我完成这一切时，我只需点击屏幕下方中间的完成按钮，一个新的桌面就生成了。

所以使用我们的产品可以实现什么呢？你可以拥有一份 iPhone

地图。而我们又是如何实现地图定位的呢？这要归功于我们的合作伙伴——谷歌和 Skyhook Wireless 公司。让我们从 Skyhook 公司开始，他们定制了 Wi-Fi 热点，而且他们的无线信号已经覆盖了美国、加拿大、欧洲和亚洲等地区。事实上，他们目前的数据库已经拥有 2300 万无线热点。所以当你去试图定位一个地点时，你将通过无线热点调动一个庞大的数据库，从而最终实现准确定位。是不是觉得很神奇？的确，这真的是一个很酷的功能。至于谷歌，它也是通过三角信号发射塔做与 Skyhook 公司基本相同的事情。我们一直都在与这两家公司合作，而他们也做得非常出色。以上就是我为大家介绍的地图定位功能。

如今我们可以通过简单的操作实现首页链接，定制自己想要的桌面，还可以完成短信群发。这些新特性都会在 iPhone 上体现出来，并且每一个 iPhone 用户都能免费升级更新软件，从而享受这一系列的新特性。我们坚信 iPhone 不会停滞不前，我们会不断努力去完善、提高它的性能，从而提供更多免费的更新使广大用户能享受日趋完美的 iPhone 所带来的乐趣。

这就是我要介绍的 iPhone 的内容。下面让我们来谈一谈 iPod touch。众所周知，它与 iPhone 有着相同的操作系统，那么我们又为 iPod touch 做了些什么呢？事实上，我们为 iPod touch 付出了很多心血。我们为 iPod touch 添加了全新的应用程序，它们是神奇的邮件功能、地图定位、股票、记事本和天气预报。这就是我们现在所看到五个应用程序，不仅如此，iPod touch 也将会拥有一些新特

性。它可以进行地图定位，因为 iPod touch 同样可以接收 Wi-Fi 无
线信号，通过 Skyhook 公司的数据库实现定位。它还可以设置首
页链接，最多能记忆 9 个链接地址。它可以进行桌面定制。当观
看视频时，它同样可以进行分节、添加字幕、选择语言。与此同时，
它也支持音乐播放和歌词同步。事实上，iPhone 上的新特性也全
部体现在了 iPod touch 上。从今天开始，我们要创造一个全新的
iPod touch。而 iPod touch 用户只需要花费 20 美元的费用升级更新，
就能够享受所有的新特性。所以以上就是我今天要说的第二件事。

那么，下面要说到第三件产品了，这也是一件很好的产品。
事实上，这件产品就是 iTunes。在此我很高兴地告诉大家，就在上
一周我们已经售出了 400 万首歌曲。在圣诞节的那一天我们又创
造了一个新的纪录——一天销售 2000 万首歌曲。这是一个新的单
日销售纪录。与此同时，我们还售出了 1.25 亿个视频，这是一个
非常令人震惊的数字。接下来是电影，我们售出了 700 万部电影，
这同样是一个巨大的数字。但这些让人惊讶的数字并不是我要告诉
大家的重点，我想说的是我们需要更好的媒介，可以下载音乐、观
看视频电影。所以，今天我将要向大家介绍一款新产品——iTunes
Movie Rentals。事实上，我们并没有尝试过租售音乐，因为我们认
为并没有人需要这种形式的产品。但是作为你最喜欢的电影，可
能绝大多数的人会选择通过租赁去观赏它，而且你确实没有必要
一直占用存储空间并购买它。这就是 iTunes Movie Rentals 的意义
所在。现在大家看到的就是 iTunes Movie Rentals 的界面。还要提

到的是，我们正与优秀的工作室如 Touchstone、Lions Gate Films、Miramax 等合作；除此之外，还有 Fox、Walt Disney、Paramount、Sony……如此多的影视巨头在与我们合作，支持着 iTunes Movie Rentals 的发展。那我们之间又是如何合作的呢？在今年 2 月，我们将拥有 2000 部电影的资源供大家选择，而它们在 DVD 版发行后 30 天就会开放租赁。你可以通过 Mac、PC、最新的 iPod 和 iPhone 等媒介进行观看。你也可以选择即时观看，因为下载一部电影只需要花费不到 30 秒钟的时间。下载之后，它们可以在你的设备上存储 30 天，但当你开始观看，就必须在 24 小时之内看完。在这期间，你还可以将电影传到其他媒介上面继续看。至于价格，一部旧的电影只需要花费 2.99 美元，而一部新电影需要 3.99 美元。下面我为大家展示一下它是怎样操作的。打开 iTunes 的页面，选择一个你想要租赁的电影，然后点击它，将它添加到"已租赁电影"的列表。

今天我们推出了 iTunes Movie Rentals 的免费升级软件，大家可以在 iPhone、iPod、iTunes 上进行免费更新。这个升级软件包今天在美国发布，世界范围内的发布也将在今年推出。这就是我们的 iTunes Movie Rentals。你可以在 iTunes 上观看电影，可以在新版的 iPod 和 iPhone 上观看。但这又是什么呢？这台平板电视又是什么呢？事实上，我也希望能在这样的电视上观看这些电影。我想说的是，我们作了很多努力，尝试让互联网上的电影实现在电视上播放，但最终我们都失败了。我们也尝试用苹果 TV 来实现它，并且它也被设计成 iTunes 和电脑之间交互的一个良好配件。但是，这并不是人们想要的。我们意识到，人们想要的就是电影而已，但我们并没有真的在电视上实现它。

所以现在苹果 TV 所需要做的就是租赁电影，让它可以在宽屏电视上进行播放，实现 DVD 的观看质量，支持杜比 5.1 环绕音——这种高品质是以前人们无法想象的。当然，我们还会实现支持YouTube，不断扩展我们的选择。现在有超过 5000 万的视频是来自 YouTube 的，而我们的顾客青睐的便是如此庞大的资源。所以，这些都是最新的苹果 TV 所拥有的独特魅力。我们拥有新发布的电影和旧电影两个电影库，旧电影的租价是 2.99 美元，而新电影的租价是 3.99 美元。但是，更令人兴奋的是，你只需要多花一美元就可以享受 HD 高品质画面的电影，也就是说 HD 品质的旧电影租价为 3.99 美元，而新电影租价为 4.99 美元。很高兴告诉大家，今天我们已经有了 100 个可供大家选择的 HD 品质资源了，并且这个数字将迅速增长。

以上就是我为大家介绍的 iTunes Movie Rentals 的新特性，现在到了演示时间，让我为大家演示一下这些操作。让我们再次进入iTunes Movie Rentals 的主界面，我们可以看到电影列表，当然我们还可以按照出品公司进行选择。现在我可以选择其中一部电影，点击进入下一页面。大家可以看到，屏幕上会显示这部电影的简短介绍，显示它的导演、主演、时长等信息。而如果我真的想观看这部电影，那只需要点击"Rental"键，然后进行最后确认。事实上，一切就是这么简单。现在让我们回到主界面来看看电视节目菜单。在 iTunes 上拥有 600 个电视节目资源，你可以通过苹果 TV 购买它们然后观看，或者将它们传回电脑观看。然后要说的是音乐，我们拥有 600 万首歌曲，你可以在这里找到你所喜欢的歌曲。当然你也可以进行搜索，搜索你喜欢的歌手或是歌曲。我们还有播客视频，在这里大家还可以选择观看播客视频。

接下来让我们继续介绍下一个产品——一件尚未发布的神秘产品。它究竟是什么呢？众所周知，苹果有最好的笔记本电脑 MacBook 和 MacBook Pro，这已经成为了电脑行业中一个里程碑式的标志。但是，现在我要介绍给大家的是第三种笔记本电脑，它叫作 MacBook Air。那么 MacBook Air 有什么特殊之处呢？用一句话来说，它是世界上最薄的笔记本电脑。所以，这代表着什么呢？事实上，提到超薄笔记本电脑，大多数人可能就会想到 Sony TZ。我们努力地研究分析他们的产品，试图去超越他们。我们先来看一下 Sony TZ——重 3 磅，厚 0.8 ～ 1.2 英寸。为了降低重量，他们采用 11 英寸或是 12 英寸的显示器，使用迷你键盘。对于我们来说，我们的目标是什么呢？ 3 磅的重量，这的确很棒。但是我们认为，为了降低重量，Sony 在厚度、显示器大小和键盘作了太多的让步，我们对此并不赞同。

现在让我们来看看 MacBook Air。我们来作一个对比。这是 Sony TZ——厚度从 1.2 英寸过渡到 0.8 英寸；而这是 MacBook Air——厚度从 0.76 英寸过渡到 0.16 英寸。所以，我们的产品可以说是世界上最薄的笔记本电脑，它的尺寸只有 0.16 英寸，几乎和公文袋一样薄。现在让我为大家展示一下。这个公文袋里装的就是 MacBook Air，让我们把它取出来。这就是最新的 MacBook Air，你可以真实地感受到它究竟有多薄。这的确是一款不可思议的产品——全尺寸键盘，全尺寸显示器。我将为大家展示一下具体的细节。这款世界上最薄的笔记本电脑却有 13.3 英寸的超大屏幕和磁性开合钮。它还拥有 LED 背光显示屏，当你开机的瞬间便能感受到其中的魅力。在显示屏的最上面，是一款内置摄像头。如果你向下看，就能看到这款全尺寸键盘，它可以说是我们有史以来最好的一款笔记本键盘——全尺寸笔记本键盘，并且更为神奇的是，它是一款背光键盘。与此同时，我们还拥有一个十分棒的触控板，它可以支持多点触控。你可以双击拖动、旋转图片。当你需要浏览下一张图片的时候，只需要滑动手指；当你需要放大图片时，你只需要移动两个手指，就可以拖动扩大它；当你想旋转图片时，也只需要转动手指即可。我们将 iPhone 中的便捷功能继承并运用到了笔记本电脑里来。

让我们看看它的底部，这里有三个组件——硬盘、电池、电子控制系统。在硬盘中还有一个 1.8 英寸的驱动，它曾运用在数以百万计的 iPod 产品中，所以我们对它有很好的了解。MacBook Air 有 80GB 的普通硬盘（HHD）和可选择的 64GB 的固态硬盘（SSD）。虽然它们的价格有点昂贵，但是它们的读写速度却让人赞叹。而真正神奇的是 Mac Air 的电子控制系统。当你看到它的时候可能并不觉得有什么特别，那它真正的特点在哪里呢？其特别之处就在于它的大小等同一支铅笔大小。与此同时，Mac Air 采用了 Intel 酷睿双核处理器，这是一款快速稳定的处理系统。

其实，我们与 Intel 公司有着非常良好的合作关系。我们彼此竞争，却最终实现了共同的发展。例如，我们说我们需要酷睿双核处理器，但是我们要求它缩小体积。这听起来可能很简单，但实际上却很难。他们为此请了很多工程师来改进发明，最终实现我们的要求。所以，最新的酷睿双核处理器比以前小了大概 60％，而这也是我们可以制造出 MacBook Air 的原因之一。所以，在此我想向 Intel 表达我的感谢。

所以这就是我们的电子操控系统，我们的核心。让我们看看 Air 的其他特性。实际上，在 Air 的侧面有一个磁性安全接口，配有一个小型的 45 瓦的电源适配器；在另一边，有一个 2.0 的 USB 接口，一个 Micro-DVI，还有耳机接口。最重要的是，我们采用了世界上最先进的无线蓝牙功能。你唯一不能在 MacBook 上发现的就是 CD-DVD 光驱。但是，如果你真的需要它，你可以购买这个产品——SuperDrive。它是一个超强的外部光驱仪器，通过 USB 端口连接到电脑，售价仅为 99 美元。事实上，我们认为大多数的用户不会错过这个设备，他们需要这个设备。为什么呢？我们知道 MacBook 拥有无线蓝牙功能，这意味着，拥有这个设备你就可以播放电影、安装软件、备份资料、刻录音乐。

我们可以通过 iTunes Movie Rentals 租赁电影；可以用 iPod 播

放音乐，这可比刻录 CD 要好得多；我们可以用 Time Machine 和 Time Capsule 来无线备份我们的资料。那么，对于安装软件我们有什么更好的选择吗？事实上，我们也准备利用无线技术来实现它。在这里我们所采用的新技术叫作 Remote Disc。所以，当你打开"Finder"，你会看到 Remote Disc，它会显示在你的 Mac 和 PC 中都有哪些特别的软件。你可以选择其中的软件进行无线传输，而当它开始接受了你的请求，你便可以通过 PC 识别 Remote Disc，并且通过无线蓝牙将其发送到你的 MacBook Air 里。这太神奇了！我认为广大用户不会错过这项功能。

所以，MacBook Air 真的是一个很神奇的笔记本电脑，我们不希望让如此完美的东西在电池上出现瑕疵。我们的电池可以持续供电 5 个小时。事实上，很多其他品牌的电池的容量只能保持供电 1.5 个小时。所以，MacBook Air 真的是一款集合了所有强大元素的神奇产品。现在让我们来总结一下它的特性。它重约 3 磅，拥有 13.3 英寸全屏显示器，全尺寸键盘，0.16 英寸触控板，内置摄像头，1.6GHz 酷睿双核处理器，2GB 内存，80GB 硬盘，64GB 扩展固态硬盘，802.11n 无线蓝牙。所有这些强大的特性全部融合在了这款世界上最薄的笔记本电脑中，而它现在的售价仅为 1799 美元。大家可以从今天开始在网上预购 MacBook Air 笔记本电脑，而我们将在两周内发货。

当然，我们也在环境保护方面作了很多积极有益的努力。首先，我们选择的材质可以回收再利用，它是一种评价很好的环保材料。我们为此感到非常高兴。其次，我们的零售包装相较于以前的 MacBook 也减少了 50％，这使我们有了更大的空间去运输，同时也节约了包装材料。事实上，我们始终坚持着环保的理念，而我也要感谢这款产品，这款世界上最薄的笔记本电脑，谢谢它所带给我的冲击与赞叹。现在它也成功进入了世界上最好的笔记本电脑的行列。

现在我们已经进入了 2008 年，在 2008 年的第二周，我们一起回顾了一下新产品和新技术。而就在上星期我们宣布了有史以来最强劲的 Mac 8 核处理器，它成功地吸引了无数人的目光。而今天，我和大家分享了 Time Capsule，它是同 Time Machine 一样令人震惊的新产品。iPhone 和 iPod touch 的软件升级和全新特性将带给大家不一样的体验。iTunes Movie Rentals 开创了电影租赁服务，通过无线网络实现便捷高品质的视觉享受。MacBook Air，世界上最薄的笔记本电脑，它强大的优势组合让我们骄傲。这些新产品开创了一场苹果技术的新革命。

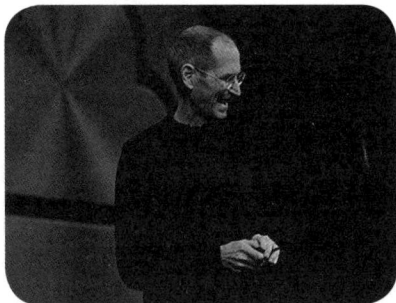

iCloud 发布

其实在十年前，很多人就已经意识到个人电脑将会成为人们享受数字生活的重心。这意味着什么呢？这意味着你可以将你的照片、视频、音乐、文档汇集在电脑中进行集中存储和处理；你将能够把各种设备同步到 Mac 电脑上，而最终由它为你汇总数据、处理文件。这些在十年前曾是人们理想中的美好状态。我们看到在短短十年左右的时间里，事情似乎都在朝着我们理想中的状态发展——电脑真的成为了个人和办公数据处理的中心。然而，最近几年，我们却渐渐意识到，情况开始变得复杂起来了，有些东西不再如想象中那么完美了。

为什么这么说？因为我们面临着一个不可回避的问题。如今的电子设备处于飞速的更新换代中，其功能也在日渐完善——它们都有了音乐功能，有了拍照和视频拍摄功能。总体而言，我们发现越来越多的文件需要在不同设备之间传输、共享。但是，如果按照我们曾经的旧思路来做，这会变成一件非常复杂的事。例如，你想把 iPhone 中的一首歌曲拷贝到 iPad 中去，你可能会发现你不得不先把 iPhone 与你的 Mac 同步，然后再把 iPad 与 Mac 同步；之后要是你想把别处的照片传到 iPhone 里，你得再把那些设备和 iPhone 都连接到 Mac 上！这样把电脑作为中转媒介的传输将会成为一件费时费力的事情；要是你尝试把所有数据在所有的设备之间同步，这简直会让人崩溃。

现在，我们从问题的实质出发，想到这样一个解决方案：我们将把 PC 或是 Mac 拉下神坛，将它从核心媒介还原成一个普通设备，就像 iPhone、iPad 和 iPod touch 那样的普通设备。我们打算用全新打造的云服务功能来代替 PC 或 Mac 这个所谓的核心媒介，让云服务成为我们真正的数字中心。而我们的最终目标是，将你所拥有的所有新设备，借助便捷的无线连接，与云服务终端进行随时随地的便捷交流。比如，当我用 iPhone 拍摄照片时，图片可以即时上传到云服务终端上，然后通过云服务终端将其自动同步到我所有设定好的个人苹果设备中。这个过程十分简单，完全不需要思考，甚至我都不需要把个人设备从我的口袋里拿出来。一切都以快速便捷的方式自动运行。

一些人大概认为，我们的云服务只不过是一个简单的共享硬盘而已，认为它是一种虚无缥缈的东西。他们可能以为，我们只能把一大堆文件传送上去、存储起来，或是将自己想要的东西下载拷贝到选定的个人电子设备中。然而事实上，他们错了！在我们看来，我们将推出的云服务，其功能与作用远远不止这些。

这项全新智能化的云服务技术，我们将它命名为 iCloud 应用。iCloud 将把你所有的数据存储在云服务器终端，然后通过无线网络将其同步到你所有的个人苹果设备中。它的显著特点是能做到自动上传、自动储存，并且使数据在所有设备中自动同步。不仅如此，它能使所有设备中的每一项应用服务同步升级。这一切都可以依靠程序自动进行。毋庸置疑，这就是我们的云服务，它就是如此神奇！

或许有观众要问：为什么我现在要听你在这里侃侃而谈呢？你们不是已经创造出了一个 MobileMe 应用（苹果官方在云服务之前所提供的在线同步服务）吗？事实上，那对于我们来说远远不够，它并不算是最棒的产品。现在，我可以在这里宣布，我们的云服务进行全面的代码改写。从最底层代码开始，我们针对云服务进行了全面的改进。我可以保证，现在推出的 iCloud，较之以前的 MobileMe 已经有了翻天覆地的变化。

与此同时，苹果发布了一整套在线应用以配合桌面程序，其中还包括 Email 应用。而且联系人还可以在不同的设备之间实现同步，这有点类似于 Windows Live for Windows Mobile 和 Symbian 等系统。

让我为大家举一个例子，我在任何苹果设备上存储的联系人信息都能经由云服务自动同步到其他的设备上；也就是说，我能在任何地方添加、删除或是编辑手中 iPhone 的联系人信息，然后，完全无须思考，更不用费时费力，我就可以在其他的设备中拥有最新的电话簿内容。无线升级，自动同步——这根本不需要我亲自逐一操作！

至于日程表，其功能大体类似，都是一处改动，全面同步。除此之外，你甚至还能与其他用户进行日程共享。比如说，我和我夫人有同样两项日程安排，当我想改变其中一项的时间时，只需要在我这端的 iPhone 上调整时间，让她的 iPhone 自动同步就可以了；或者她在自己这一端更改了足球观赛的安排，而我的 iPhone 也会通过云服务同步做到实时调整，并能够及时提醒。我相信，你会爱上这个新的日程功能，因为它具有非常强大的交互功能——神奇而又有效。

下面让我们说说邮件功能。大家都知道，在当今时代，邮件有着非常重要的用途，人们几乎每天都要和邮件打交道。而现在，借助 iCloud，邮件将可以表现得更加出色。在注册一个 @me.com 的账户后，你邮箱中的所有邮件信息将可在所有苹果设备上实现同步，收件箱、文件夹设置等都可以实现同步更新。这就是便捷强大的邮件功能。当然了，这其中不会出现烦人的垃圾广告。我们的开发团队也会使用自己创造的产品，我们确实不喜欢广告。此外，还要特别注意，如果您使用曾经的 MobileMe 应用，每年你将不得不为此支付 99 美元。但是，令我们感到兴奋的是，在 iCloud 中，上述的三项应用服务将实现完全免费！

当然，我们不会就此止步。下面还有至少三项应用是我们已经引入 iCloud 服务中的。首先要提到的就是我们的 App Store——在线应用商店。以前，你可能在不同的设备中购买了许多的应用，它们有的在这个设备中，有的在那个设备中——一团乱麻，甚至有时你自己都会搞混究竟购买过什么应用。最终，这会导致你在不同设备上为同一款软件重复付费的恶果。现在，借助我们全新的应用，哪怕购买再多的软件，其购买记录都将可以通过 iCloud 查询，一切一目了然。即便你手头的设备并未安装该软件，甚至你可能已经忘记了，自动同步会帮你解决问题。你只需按下"Cloud"键，你购买过的应用程序就会下载到指定的设备上，而绝不会产生重复收费。当你购买一款新的设备时，同样地，你也能进行云服务同步，共享应用，无须额外费用。这就是我们对 App Store 的改进，希望能够得到大家的认可。

如今的 iBook 也基本可以进行同样的操作。假如是通过其他设备购买了应用，你同样可以通过 iCloud 将其同步到 iBook 中来。哪怕是你阅读的书签记录，也能够由云服务同步到 iPad 等设备上。你可以在那些设备上继续未完成的阅读。所以，大家不需要再为数据转移而发愁了，iCloud 真的帮我们解决了这些难题。

现在说说数据备份吧。如果撇开 PC 或者 Mac 的帮助，我们要如何通过无线网络来实现日常的数据备份呢？事实上，我们现在所讨论的，是如何通过云服务来轻松备份设备当中的信息。通过云服务，你可以备份你设备上的内容，并且可以同样轻松地恢复。

设想一下，当你购买了一个新设备，比如说你更换了新手机，你只需要通过云服务输入你的 ID 账号和密码，所有备份的内容就会自动通过无线网络同步到你的新手机里了。你只需要通过 Wi-Fi

连接，就可以实现日常数据自动备份，其中包括你所购买的音乐、软件和电子书，设备中的图片、影像，以及程序数据等。

以上便是另外三项关于 iCloud 的新应用。

接下来我将介绍剩下的三项应用，它们都是令人震惊的神奇应用。我想这几项应该算是 iCloud 中最有创意的部分了。我很乐意将它们与大家分享。

第一个功能是云文件。让我举例为大家说明一下。如果我在 iPad 上创建一个新的页面文档，那么关闭它的时候，它会被自动上传并保存在云服务终端里，与此同时，它还将同步到我所有的设备上。这样我就可以在我任何一款设备上使用这一文件了。还要告诉大家的是，它能同时支持 Pages、Numbers 和 Keynote。而这些新功能将出现在上周公布的新版本里。

云文件实际上将 iOS 的文件管理系统推上了一个新的高度，因为大家在近十年的时间里一直试图摆脱这些烦琐的文件管理系统。旧的操作系统对于初学者来说过于复杂。云文件这种新功能的出现，使广大用户再也不需要去复杂地学习其使用方法了。程序将会自动搞定一切，无须用户过多思考。此功能更进一步地解决了不同设备间的数据同步问题，由应用程序将文档存储于 iCloud 中并自动同步用户的各个设备，并且它能自动将用户不同设备间的文档同步更新。

下一项是 iCloud Storage APIs，即以向软件开发者们开放 API（Application Programming Interface，应用程序编程接口）的方式

吸引更多程序开发。应用软件开发者们可以很容易对接到 iCloud 的 API 端口。同时，iCloud Storage 不但能存储复杂的文档，还能存储如股票走势那样的关键数据以进行对比。还要说的一点是，它可以应用在所有苹果操作系统 iOS 中。相信这一点能极大地激发大家的兴趣，而它也必将赢得大家的喜爱。

下一个应用，或许是我个人最中意的一个，我们将它命名为 Photo Stream。这个产品将照片成功带进了云服务的世界。试想有多少次，你在温馨的午后用 iPhone 为孩子拍照留念，之后你却还得将它们上传到 iPad，才能方便展示给大家看。尤其是度假结束后，要把出游所拍的大量照片拷贝到其他设备上着实是件相当麻烦的事。这时 Photo Stream 便能为我们解决烦恼。借助 Photo Stream，我们可以将任何设备拍摄的照片上传到云服务终端并且同步到其他设备上，这一过程完全是自动完成的，无须操心。也就是说，我的 iPad 会帮助我自动同步好照片，在家里等我回去欣赏。同样，我也可以把 Mac 里存储的图片上传至云服务终端，并把它们同步到 iPhone 或 iPad 等设备上。下面是我们在 iPad、iPhone 和 Mac 甚至是 PC 上为此功能添加的菜单项，一切都如此简单。我们可以看到，在 iPhone 里它会在照片栏中显示成一个独立的相册；在 Mac 上它占据了 iPhoto 侧边栏的一个位置；在 PC 上，它将位于图片文件夹中。我们甚至在苹果 TV 中也加入了此功能。

抛开烦琐的图片拷贝，我们面对的另一个问题是——随着数码技术的提高，高像素的照片正变得越来越大，可能会占用你相当多的空间，甚至把设备的存储空间吞光。当然，巨大的容量对我们的数据服务器来说也是个大麻烦。所以我们的解决办法是，只为你的设备保存最新拍摄的 1000 张照片。当然了，对于你想永久保存的那些照片，你只需要将它们拖入某个相册就可以了，我们可以做到有选择性的永久保存（当然，在你的个人 Mac 或 PC 硬盘里，数据还是可以永久保存的）。所有上传的这些照片，我们将会在云服务终端为你保存 30 天，在这期间你所有支持无线连接的设备都可以自动下载这些照片。我们构建的是一个伟大的工程，它将帮助大家将图片共享到所有的设备中，甚至连苹果 TV 都可以囊括在内。当我在任何地方拍了照片后，我可以选择在任何其他的设备上进行浏览。我认为这是件很令人兴奋的事情。

我最后为大家介绍的是 iTunes in the Cloud。依然是之前的老套故事：我在 iPhone 上购买了一首歌曲，但是根据以前的条件，它们不会出现在其他的设备上，所以当我拿起 iPod 想听昨天购买的那首歌曲时，却发现它根本不在里面！这样的情况在之前每天都会发生。然而，iTunes in the Cloud 可以改变这一切。当你点击购买键，就可以看到自己的购买历史，而现在你只要点击相似的云下载按钮，就可以看到之前下载过的所有歌曲或专辑，并把它们同步下载到手头任意的设备上。当然，此过程没有任何额外的费用，真是棒极了。你能够十分便捷地在不同的设备上下载音乐，也可以根据流派、歌手等分类下载，还可以实现多个设备间共享相同的正版歌曲，这一切都不会产生任何额外的费用。我想这种情况还是头一次在业界出现。多个设备共享正版音乐，这实在是历史性的事件。

目前，iCloud 涵盖了之前所介绍的 9 款实用功能，这里我要强调最重要的一点——它们全部免费！我们将 iCloud 设定为免费应用，目的是想让更多用户体验到我们产品的强大功能，让我们的设备充分实现其功用。作为开发者，我们对此也感到非常兴奋。这就是全新的 iCloud，它可以利用无线技术存储你设备中的内容，然后再通过无线连接将其同步到其他的设备中，同时还能够与你所有的应用程序整合为一体，让它们充分发挥效用。最神奇的一点是，这一切都是自动实现的，无须用户操心。我们将始终坚持便捷、简约、创新的产品理念，并不断推动新产品的研发。

iCloud 是一个如此强大的应用集合，而我们的竞争对手，并不能掌握如此强大的应用程序，更不能把它们所拥有的资源整合成这种程度的同步统一，他们还缺乏众多技术高超的开发者来投入相应的辅助软件开发工作。事实上，他们并没有达到像我们一样的高度。iCloud，为我们创造了一个新的奇迹！

市场，成败的较量

STEVE JOBS

你必须善于发现有天赋的人，因为不管你有多聪明，你必须有一个由聪明人组成的团队，你要知道如何在没有充分了解一个人的时候快速作出是否聘用他的决定，以及怎样改进你的直觉，建立起一个未来能发展壮大的组织。你真的需要一些优秀的人来帮助你。

——乔布斯

WWDC 大会是一次跨领域的融合，包括技术、媒体等多方面。你认为该领域未来的发展趋势是什么？如果我们正处于过渡期，等待着比 FLASH 更好的工具出现，那为什么要在现在就草率地封杀 FLASH 呢？

乔布斯：我想告诉大家在这个领域到底发生着什么。你所说的确实没错，但苹果公司并不像其他公司那样拥有那么多资源。我们成功的诀窍在于谨慎、聪明地选择正确的技术。我们努力寻找有潜力的技术，并且朝它迈进。因为不同的技术都处在自身的周期中，会经历上升到衰败的过程。所以我们要尽量寻找处于上升期的技术。如果你能作出明智的选择，你可以为自己节省很多的工作量。你也可以把精力集中在让新兴技术广泛运用于你的平台，而不会因平台狭窄，使技术表现平平。

有时候，我们在放弃一些东西时——比如在麦金塔电脑中放弃使用软盘——外界说我们很疯狂。但是有时候你只是必须要挑选一些有潜力的、处于上升期的东西。FLASH 这项技术在今天看起来盛行于世，但它确实已经在走下坡路了。而与此不同的是，HTML5 正处在上升中。要知道，把 FLASH 嵌入系统中需要做很多工作，而目前还没有智能手机有嵌入式 FLASH 功能。即使有一天可以实现，其中也必然存在很多问题，诸如电池寿命、安全等。相比之下，HTML5方兴未艾，有非常多的人正在利用HTML5制作视频，它的效果看起来更好，而且不需要插件即可运行。所以，虽然目前网页上75%的视频是FLASH的，但是很快，HTML5所占的份额就会从25%蹿升至50%。

> 所以你最终的目标就是摆脱FLASH继续前进？

乔布斯：我们的目的很简单，其实我们并没有与FLASH开战，我们只是做了一个技术上的决定。我们告诉Adobe，如果你有能快速运行的技术，随时欢迎展示给我们。我们喜欢Adobe，彼此之间也拥有很多共同的客户，他们都在使用Adobe公司的产品。所以我们不是抵制Adobe公司，只是决定在我们的平台中不使用他们的某一个产品而已。但这却使他们在媒体上发表了很多不善的言辞，并且持续了好几个月。所以我写了《关于FLASH的想法》，因为我们想对此保持绝对专业的态度，毕竟这不是通俗意义上的媒体骂战。其实在我看来，这一切已经够了！我们对这些人在媒体中攻击我们的事感到疲倦了，所以我们写出了技术上我们不选择FLASH的原因。

> 但是如果有企业说我们不只想运行视频，还想运行整个网站呢？有个可以进行照片上传的网站叫作 Picnik，这是个不错的网站，它像个迅捷流畅的客户端在你的电脑上运行，但它是一个 FLASH 网站。这种优秀的网站却不可以在 iPad 上使用，是否有人会说 iPad 在此方面是个瘸子？

乔布斯：对此我想说的是，事物是不同关注点的集合，有的特质被强调过多，而有的特质并不出色，有的特质根本未在产品中体现。不同人有不同的选择。如果市场告诉我们这种选择错了，我们就要听从市场的判断。我们只是公司的运营者。我们尝试为人们做出最棒的产品。所以我们至少有勇气和信念来决定是否使用一项技术。有的人不喜欢这一点，他们会抨击我们，这不符合一些公司的利益，但我们将忍受这种热讽，因为我们要为顾客提供最好的产品。我们将把我们的精力用在关注那些处于上升期的技术上，用在那些对客户有利的技术上。顾客付钱让我们作出选择。顾客花钱就是让我们尽可能做出最好的产品，如果我们成功了，他们就会买我们的产品。如果没有成功，他们不会选择消费。市场会自行作出抉择。

乔布斯发布 MacBook Air

　　这就是我们的新成果，全新的 MacBook Air 产品，这是我们迄今为止最令人惊叹的创造之一。看看它完美的造型，我们有充分理由相信，它代表了未来笔记本必然的发展趋势。这款 MacBook Air 的造型，简直超越了我们之前所有的产品，它是如此的纤薄、小巧、优雅而充满美感，真令人震惊。

　　它实在是太纤薄了，最厚的地方也不过 0.68 英寸，而最薄的合盖处，厚度仅有 0.11 英寸，十分之一英尺。而它的重量，只有 2.9 磅而已。要制作这么纤薄小巧的电子产品实在不是件容易的事情，但是我们苹果公司，向来不满足于自己的成果，我们力求完美，始终追求更优秀的作品，只希望能为用户提供更好的产品。所以，在开发团队的不懈努力下，新款的 MacBook Air 变得更加耐用、更加牢固，因为我们实现了一体成型的机体结构。这真是让人惊喜，它坚固、轻巧，同时仍然具有全尺寸标准键盘，全尺寸的触摸板，绝无偷工减料。这款 MacBook Air 各处都经过贴心的设计，必能让你充分体验到它的与众不同。

在个人电脑销量方面，从 1981 年到 1983 年，你们的份额从 29% 下滑至 23%。而同一时间里，IBM 的份额却从 3% 上升至 28%。你们怎样看待这个数据？

乔布斯：我们从不为数据担心。苹果将更多的精力放到产品上。差异归根结底都是来自产品。而 IBM 则将更多的精力放在服务、支持、安全、大型机和主板上。三年前苹果曾经作过调查，如果一年售出 1000 万台电脑，就算是 IBM 这样的大企业，也不具备足够的能力来做好售后工作。因此，我们转而将精力集中在保证每台电脑的质量上，这也是麦金塔电脑的一大特点。无论如何，电脑市场都是苹果和 IBM 之间的竞争。如果我们因为某些原因失败，IBM 获得了胜利，电脑时代将陷入黑暗时期，这一时期将长达二十年左右。之所以这样想，是因为 IBM 垄断之后便会停止创新。我为什么会作出这样的预测？以经营薯条的菲多利公司为例。每周他们需要接待将近 50 万名顾客。菲多利的架子在任何一家店里都能看到，一些大一点的店里面甚至会见到好几个，里面放着炸好的薯条。在菲多利看来，最大的问题是如何应对变味的产品，也就是炸坏的薯条。菲多利解决这个问题的办法是调用一万名员工，不间歇地将变质的产品下架，同时替换上好的产品。这种工作在与部门经理沟通好的前提下进行得井井有条，不会出乱。这样的服务模式使得菲多利在炸薯条市场上的占有率超过80%。他们可以将这个数据一直保持下去，如果他们不改变服务模式的话。其他企业则永远不可能击败他们，因为那些企业招不到足够的员工，而招不到足够员工的原因是他们市场占有率太低，公司没有能力招更多人，招不到更多人就没法发展，没法提高市场占有率。这便形成了一个死循环，没有人能跨越这道障碍，没有人能打破垄断者的特权。

菲多利自己本身创新很少，他们一旦发现一些小的薯条店推出了新品，便花一年半载的时间学习，然后推出同样的产品，并依靠自己的实力将那些小店逼到破产。这样，一段时间之后，他们的市场占有份额依旧会是80%。

IBM也在用这一招。你可以看看市场上的大型机，自从15年前IBM垄断了大型机市场之后，他们几乎没有任何创新之举。若是其他的电脑市场也被它们占领，就会面临着同样的结局。从本质上来讲，IBM PC对于电脑行业来说技术上的贡献为零。它们只做一些重新组装，以及将苹果II的技术作了小小的伸展。他们就是这样，想要垄断一切，这很明显。

　　不管我们是否接受，苹果和 IBM 将是这个市场上最终仅存的两家。我不喜欢这个结局，但事情就是这样。

这个行业发展很快，会不会有其他中小型企业挑战你们，正如你们挑战 IBM？

乔布斯：现在的电脑市场主要是苹果在与 IBM 竞争，第三或者第四的企业基本上不会存在，第六、第七那种就更不用说了。多数创新企业现在都将眼光盯在软件市场上，我觉得软件方面会有很多发展，但硬件不会。苹果现在肩负着重要使命，就是行业创新，而这种创新只可能来自苹果。这也是我们在竞争中唯一的获胜方法，只要我们足够快，他们便追不上。

为什么在最新的麦金塔电脑上无法运行苹果Ⅱ的软件？

乔布斯：麦金塔电脑运用的是最新的技术。我们很清楚，苹果Ⅱ、IBM PC 这些电脑的技术会帮我们吸引忠实用户，他们为了研究电脑甚至会彻夜不眠。但这样的技术肯定无法得到普及，不能服务于大众。而我们若想将电脑技术普及给更多人，就需要新技术，它不仅大幅度提高电脑使用的方便程度，还要提供更强大的功能。鉴于此，我们必须推出新产品，与旧产品划清界限，这也是无奈之举。

我们竭尽所能使麦金塔电脑看上去更优秀，因为
这是一次非常彻底的与之前电脑的断代。至少在
未来十年，麦金塔电脑都将会稳定占据市场。

人们认为平板电脑可以做很多事情，比如新闻行业
有很多记者、出版社因此受益。你是否认为这是你的一
个目标呢？还是说杂志在上面看起来很好看而已？

乔布斯：我们有很多目标，我非常坚信的一点
就是任何民主都依赖于自由健康的媒体。所以，当
我想到我们国家最重要的媒体时，我想到的是《华
盛顿邮报》《纽约时报》《华尔街日报》等出版物。
我们都知道这些出版物发生的事情，有的有麻烦
了。我认为一些报纸是新闻的堆砌，编辑组织其实
非常重要。我不想看到我们的国家成为博客之国。
我认为我们现在比以往更需要编辑。所以我们可以
帮助《纽约时报》《华盛顿邮报》《华尔街日报》
和其他新闻组织做任何事情，找到新的表达方式，
让他们得到支持,可以使新闻和编辑组织保持原状,
我支持这些。

你是否真的支持呢？你是否觉得人们改变了阅读方式？你自己有所改变吗？

乔布斯：我们都转变了阅读的方式，现在在网上阅读新闻，这也是为什么报纸处于危机中了。我们要做的是找到一种方法让人们开始为这些来之不易的内容付费。所以这提供了潜在的机会，提供了除网站之外更多的价值，并且为此收取一些费用。我不知道哪个起效，但是可以告诉你作为目前网上最大的内容销售商之一，苹果学到最多的就是定价要有侵略性并且注重数量，这对我们是有效的。每次我们做的不够多时，我们的成功就会减弱。所以，我尝试让这些人定的价格比传统的印刷版更加高，因为他们没有印刷的费用，没有寄送的费用。并且要收取合理的费用，争取数量。因为我认为人们愿意为内容付费。我相信在音乐、媒体和新闻内容中都是如此。

看起来你进入到书籍领域迫使价格上升了，而不是像对于畅销书那样，因为畅销书会有竞争，所以价格会低。这是否会成为你所说的有侵略性的价格的对立面呢？一般的书比如说14.99美元，亚马逊上的价格会更低一些比如9.99美元，对吗？

乔布斯：是的。这很复杂。现在市场的设置跟六个月前相比，对于消费者需求更加有回应性。所以我们可能是看到价格上升了一些，但是如果消费者希望价格下降的话，那么他们会使这些信号比以往更加有回应性。因为市场的架构使出版商对于如何解决这一事项的态度有了巨大的转变。

你认为平板电脑会最终取代手提电脑吗？谈一下你认为它将朝着什么方向发展，不仅仅是iPad而是平板电脑本身。

乔布斯：我在想一个好的比喻。我们是一个农业国家，所有的汽车都是卡车，因为这是你在农场上所需要的。但是由于城市中开始使用机动车，美国人开始转移到城市和近郊中心，汽车变得更加流行。很多创新比如自动挡、动力传动系统等技术让你原来在卡车中可能并不是很在意的事情在汽车中变得至关重要了。现在,我不知道统计数字是什么样的,可能在每 25 辆或者 30 辆机动车中有一辆是卡车,这个数字原来是 100% 的。PC 就像卡车,它们不会消失,还会有价值,但是它将是在 x 人中有一个人使用的东西。这个变迁将会让一些人不舒服。个人电脑世界的一些人,比如你、我,这个变迁将会使我们不舒服。因为个人电脑陪伴我们走过很多日子,它非常棒。我们愿意谈论后 PC 时代,但是如果它一旦发生的话,我觉得会令人很不舒服,对很多人来说都是如此,因为会发生改变,很多既得利益会有所改变,将会有所不同。所以我认为我们是从它开始的。谁知道 iPad 明年会发生什么呢? 5 年后、7 年后会发生什么?谁知道呢?但我认为这是一个比较长的过程。

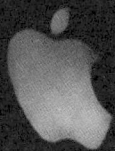

人才，未来的王者

我几乎把四分之一的时间用于网罗人才。过去的时候，我认为一个出色的人才可以顶得上两名平庸员工的价值，但是现在我认为能顶 50 名。

——乔布斯

你自己怎么看待你今天取得的成就?

乔布斯:我是个幸运的人,因为我拥有非常伟大的合作伙伴,我们一起创立了公司,然后公司又吸引了一些科技天才加入。我想说,我真的很感谢他们。其实,那些真正的英雄今天并没有坐在这里,而他们才是缔造奇迹的开拓者。

你们用了多长时间开发麦金塔电脑?

乔布斯:电脑研发用了两年多,但是其中的一些技术几年前就开始研究了。研发的这段时间是我一生中最棒的日子,我之前从来没有在什么事情上下过如此大的功夫。所有参与研发的人都是如此。甚至后来我都不想把它公布于众了,觉得如果公布了,它就不再属于我们。最终在股东大会展示麦金塔电脑第一部样机的时候,观众席上所有人都起立鼓掌,掌声长达五分钟。这让我非常吃惊。大会前几排坐着的都是麦金塔电脑的研发人员,他们也都非常惊讶,不敢相信眼前的是真的,所有人都流下了眼泪。

当初 Lisa 和苹果Ⅲ上市时，苹果股价大幅度下跌，业内人士甚至认为苹果可能要完了。为什么会出现这样的情况呢？

乔布斯：IBM 势头非常猛，无论是软件开发者还是产品经销商都在转向 IBM 一方。苹果Ⅲ的发布是失败的，我们召回了 1.4 万台，公司蒙受了巨大损失。本来如果苹果Ⅲ取得成功，就会对 IBM 构成强有力的竞争。但这就是生活。我们吸取了教训，变得更加强大。而 Lisa 之所以失败，一个问题是一万美元的定价太高了。我们总想依赖《财富》500 强企业来消化我们的产品，但是苹果公司是建立在大众消费的基础之上的。另外的两个问题是发货太迟和软件兼容性差，导致士气大跌。当时 IBM 来势汹汹，我们发货又迟了六个月，并且定价太高。还有就是我们有 150 家产品经销商，它大大增加了我们的成本，现在看来非常愚蠢。

公司的多数决策都是你作出的吗？

乔布斯：我们不希望出现一个人独掌公司的局面。当时管理公司的有三个人，麦克·斯科特、麦克·马库拉和我。最开始，若是出现

争议，我往往会遵从那些经验丰富的人。他
们基本上不会出错。不过，在一些关键时候，
我想我的意见可能效果更好。

> 你想负责 Lisa 部门，但是遭到了马库拉
> 和斯科特的反对，他们觉得你不能胜任这一
> 职位，尽管他们两人都是你招进公司的，是
> 这样吗？

乔布斯：当时我们确定了概念框架，找来了关键
人选，技术方向也确定了，但是斯科特觉得我没有运
营经验，我受到了很大的打击。这还不是最糟糕的，
真正的困难在于新招聘的 Lisa 团队中，很多人并不认
同我的设计初衷。整个团队出现了很大的分歧，变成
了两支队伍，其中一支的理想产品是类似于麦金塔电
脑这样的，另一支主要来自惠普等公司，他们想开发
出更大的、面向企业的产品。最后我只好带了一个小
团队自己出来做，就像是回到了当年的车库一样。没
有人说什么，我想斯科特是在迁就我。我没有怨恨，
有的只是伤心和沮丧。但是，我因此得到了最优秀的
一群人，我觉得当时若不这样做，麻烦会更大。看看
现在的麦金塔电脑，就是这群人想出来的。这是世界
上最疯狂、最好的电脑。

> 拥有疯狂的、优秀的创意的人，与实现它的人之间有什么区别？

乔布斯：就拿 IBM 来举例子。研发麦金塔电脑的团队与 IBM 研发 PCjr 的团队有什么不同？我觉得麦金塔电脑是一款可以售出无数台的产品，但即便如此，我们也不是为了谁去研发它，我们制造它，纯粹是为了我们自己。这样一来，这款产品是好还是坏，完全由我们最专业的人士来作出判断，我们不出去做市场调查。我们的目标只有一个，就是尽自己的所能，做出最好的东西。如果你是一个优秀的木匠，你要打一个漂亮的五斗柜，即便是没有人能看到，你也不会在后面用胶合板，你依旧会用漂亮的木板。这可能仅仅是为了晚上能无牵无挂地入睡，外在的美和内在的质，必须优秀、统一。而 PCjr 的开发人员并不会为自己的产品感到骄傲。他们为了开发这款产品作了充分的市场和用户调研。他们的目的是能做出一款产品，吸引很多用户，然后赚很多的钱。我们的动机完全不同，麦金塔电脑的研发团队只有一个目的，那就是做出一款划时代的伟大产品。

电脑领域成了年轻人的天下，像苹果的员工平均年龄只有 29 岁，这是为什么？

乔布斯：新事物、革命性的事物基本上都是如此。年龄越大，思维便越僵硬。我们的思维与你们不同，你们的就像是脑子里搭起了脚手架一样，越来越单调。基本上，所有人的思维都会出现定式，很难摆脱。一旦思维僵硬，看待问题的方法和眼光便会固定，很难作出改变。这也是为什么艺术家到了三四十岁之后就很难再做出惊世骇俗的作品。不过，也有人例外，有人会一辈子像小孩一样充满好奇心，这种人非常少。

你和史蒂夫·沃兹尼亚克是什么时候认识的？

乔布斯：我们是在一个朋友的车库里认识的，当时我 13 岁，他 18 岁。他应该是我遇到的人中唯一一个比我更精通电子产品的。我们都喜欢电脑，而且都很幽默，所以就成了朋友。两人还一起做了不少恶作剧。有一次我们做了一面大旗，特别大，并计划在学校的毕业典礼上把它展示出来。还有一次，沃兹尼亚克做了一个看上去和听上去都挺像炸弹的东西，并把它扔到学校食堂里。我们还一起做过"蓝盒子"，就是那种可以用来打长途电话的东西。关于蓝盒子最有趣的一次是，沃兹尼亚克打给了罗马教廷，并在电话里说自己是亨利•基辛格。罗马那边半夜急匆匆地把教皇喊醒，结果却发现打电话的并非是基辛格。因为这些，有好几次学校都把我们给赶了出来。

你那时就对电脑非常痴迷？

乔布斯：当时，我并没有在任何一件事上，投入过太长的时间。那个时期，我还经历了很多其他的事情。高一到高二的时候，我曾对莎士比亚、迪兰•托马斯等经典人物作过深入的研究。后来，我读了《白鲸记》，于是重新回到高一的创意写作课去学习。高三时，我得到特别批准，可以分出一半的时间到斯坦福去听课。

那时的沃兹尼亚克是怎样的，他对什么事情感到痴迷吗？

乔布斯：当然，他的生活中不只有电脑。不过，在我看来，沃兹尼亚克生活的世界非常与众不同，别人都无法理解。他的喜好超越了当时的时代，以至于找不到和自己兴趣相投的人。可想而知，这个时候的他是很孤独的。他不在乎别人对自己的期待，总能按照自己的意愿行事，活得很洒脱。沃兹在许多方面与我不同，但我们也有相同之处，这些东西让我们彼此亲近。我们就像两颗行星，虽然都有各自运行的轨道，却有很多重合的地方。这些地方不仅限于电脑，比如，鲍勃·迪伦的诗集是我们共同的爱好，我们都愿意花时间去思考相关的问题。加利福尼亚是一个充满无限可能，并且足够自由的地方，在这里，斯坦福大学刚研制出一种兴奋剂，你就可以拥有它；你也可以和女友在海滩上共度良宵。

想起过往的种种，你觉得大学生活对于今天的你有怎样的影响？

乔布斯：可以说影响深远。叱咤风云的60年代已经成为历史。在他们当中，有许多人放弃了自我节制，丧失了原则，以致一生都没能实现自己的梦想。我的许多朋友既继承了那个时代理想至上的思想，又不会耽于理想不切实际。当他看到有些人已届中年，却还是在食品店里工作时，他就会给自己敲下警钟。我并不是说食品店的工作不好，可是假如你的理想并不是在食品店上班，而你却在那里虚度年华，那就真的很糟糕了。

你从里德学院辍学后的第一份工作是在哪里？工作经历是怎样的？

乔布斯：一天，当我翻阅报纸时，看到了一条招聘启事写着"享受快乐，拥有金钱"，于是我就按照上面的联系方式打了个电话。那是一家名叫雅达利的公司。我运气很好，他们第二天就给我打来电话，说我被录取了。那时公司规模很小，我差不多是他们雇用的第40名员工。他们已经开发了

Pong 和另外两款游戏。Pong 是个非常成功的案例，因此他们打算其他所有的游戏都采用类似的田径游戏的开发方式。我的第一个任务是开发一款篮球游戏，当时的搭档是一个叫唐的家伙，那简直太糟糕了。同时，公司还在进行一个冰球游戏的项目。

后来，有些出口到欧洲的游戏在设计上出现了漏洞。我提出了解决方案，但修复的工作需要派人到欧洲去完成。我主动提出前往，到了那里后，我向他们请假去旅行。旅行的最后一站是瑞士，到了苏黎世后，我又从那里出发去了印度的新德里。我来到喜马拉雅山脉观光，正赶上那里在庆祝一个宗教节日。很多人对一个被称为"巴巴"的人无限崇拜，他是那个节日的圣人。当时，我有很长一段时间没吃过美味可口的东西了，闻到一阵很好闻的味道，就被吸引过去了。我恭恭敬敬地走到跟前，向他表示了敬意，接着就去吃午餐。我一坐下来要吃东西，也不知为什么，这个"巴巴"就走到我那里坐下，突然大笑起来。他的英语不好，我也不太懂印度语，不过他尽力地想跟我说些什么，然后他拉起我的胳膊来到一条山道上。说起来好笑，成千上百的印度人不惜千里迢迢而来，只为了和他共度 10 秒钟，可是我不过是想吃些好吃的，他却拉着我跟他一起爬山。爬了半个小时，我们到了山顶。那里有个小池塘，我的头被他浸到水里，接着，他就拿出一把剃须刀开始给我剃头。一个印度"巴巴"
竟然拉着我到喜马拉雅山上剃头，当时，只有19
岁又身处异国的我完全惊呆了。时至今日，想起这
件事，我都不明白他为什么要这样做。

回来以后，你都做了些什么？

乔布斯：和去时相比，回来后我受到了更大的
文化冲击。雅达利打来电话，希望我能继续为他们
工作。我本来是不愿回去的，但他们请我担任顾问，
最终我还是答应回去。当时，电脑爱好者们组成了
一个电脑俱乐部，他们经常举行会议，互相交流。
在沃兹尼亚克的帮助下，我参加了他们的一些会议。
在我看来，他们的一些想法和创作出来的东西不过
如此，当然也有让人眼前一亮的。但沃兹尼亚克参
加会议时总是非常认真。

那时俱乐部的活动都是围绕着一款名为 Altair
的计算机展开的。Altair 大约是在 1975 年左右问世，
售价不到 400 美元。总的来说，它并不算贵，但也
不是人人都能买得起。于是，电脑爱好者们集合起
来，组成电脑俱乐部，合力买下了这台电脑。

那时的计算机只有字母、数字，显示不了图
形；连打字的功能都没有，你要靠开关一闭一合输

入字母。但它已经具备家庭电脑的理念了，它代表的正是那种人们可以自己拥有的计算机。但是，人们还不知道怎样利用它。首先，他们给它设定一些指令，这就需要为它编写一些程序。过了一两年后，Altair才真正地为人们所用，执行的也都是一些简单实际的命令，比如记账等。

> 你那时想过要自己开发出超越 Altair 的产品吗？

乔布斯：在雅达利工作时，通常我会工作到很晚。雅达利开发了一款外接方向盘的车辆驾驶游戏，起名为 Gran Track。这款游戏让沃兹尼亚克非常痴迷，他在它上面花了不少的钱。为了能让他玩个痛快，晚上我就让他到公司来通宵玩 Gran Track。如果我在项目上遇到难以解决的问题，就会求助他。那时他也有自己的事要做，他开发了一款计算机终端，为它设计了显示器，同时买了一个小型的中央处理器，把它们连接起来，苹果 I 就是这样诞生的。其中的电路板是我和沃兹尼亚克自己设计的。

为什么要这样做？后来你们怎么会想到去生产这款设备，并把它们卖出去的？

乔布斯：我们只是觉得好玩，同时也为了向朋友们炫耀。有个家伙告诉我们，他愿意帮我们把这款产品卖出去，只要我们把它生产出来。这个人拥有一家最早的电脑商店。这时我们才意识到，我们可以用它赚钱。我把我的大众轿车卖掉了，沃兹尼亚克也卖掉了他的惠普计算器，我们一共凑了1300美元。

你和沃兹尼亚克是怎么合作的？

乔布斯：沃兹尼亚克的主要工作是设计，存储器部分则由我来负责，我要把他的设计变成产品。沃兹尼亚克是一个很有头脑的设计者，不过在将发明转化为现实方面就不那么擅长了。

苹果 I 的销量怎么样?

乔布斯:当时卖出了 150 台,销量不算大,但我们却从中得到了大约 9.5 万美元的利润。苹果 I 没有机箱,没有电源,只是一块印刷电路板,严格说来还不算一款成型的产品。你还需要为它单独配备变压器和键盘。

此时你和沃兹尼亚克有没有想到过,电脑对将来的世界会产生什么样的影响?

乔布斯:电脑发展到今天这种状况是我们始料未及的。当初,沃兹的心思都放在项目上,他发明了磁盘驱动器,苹果 II 问世;而我则尝试着去开办公司。我们两人缺了任何一个,都无法取得今天这样的成绩。

你们一起合作了那么长时间,彼此间的关系可曾发生过什么变化?

乔布斯:我们的不同点在于,沃兹尼亚克内心深处对苹果公司并没什么兴趣。他发明苹果 II 的初衷是把它放在一块印刷电路板上,到他的电脑俱乐部去展示。他这样做了,而且有他自己的想法和目标。

现在，你们两个人的关系怎么样？

乔布斯：在人生中，某个人和你一同走过并亲密无间地合作，你和他之间就产生了一种无法割断的联系。即便曾经有过激烈的争吵，但那联系还是会在。哪怕他在你的生活中，已经不是最重要的朋友，这种在友情之上的情谊依然无法消失。他差不多五年没到苹果来了，不过没有人会忘记他的贡献。现在的沃兹一个人独自生活，四处演讲。这是他喜欢的生活方式。

你认为比尔·盖茨对计算机行业有怎样的贡献？

乔布斯：比尔建立了业内第一家软件公司，在还没人知道软件公司的概念的时候；而且将它发展成了一家超级大公司。微软致力追求的商业模式发展得十分成功。我认为，他最大的贡献是，在别人还不理解微软的业务是什么的时候，就完全专注于软件行业。建立微软公司不是件容易事，它需要你有强大的号召力，吸纳优秀的人才，让他们安心地待在公司，为公司效力，并且充分地发挥他们的才能。比尔做到了，这些年他一直保持着这种强大的号召力！

什么是你和比尔的关系中最棒的地方？

乔布斯：我们就好像秘密结婚了十多年一样。我和比尔第一次相见、开始一起工作的时候，我们两个都是团队中最年轻的人。我可能比比尔大六个月左右，但是，我们大约年纪相仿。不过现在，当我和业内的公司工作的时候，多数时候我反而是房间里年纪最大的。披头士有一首歌这样唱道：你和我之间的回忆比路还要长。这句歌词说的就是我们两个。

很多人并不知道微软的软件曾被应用在苹果二代的电脑中，这其中有什么样的故事？

乔布斯：这与我的合作伙伴史蒂夫·沃兹尼亚克有关。他认为 BASIC 是世界上最好的 BASIC，因为它可以自动运行、寻找错误信息。它各方面都很完美，唯一的缺憾是它只支持定点数，却不能进行浮点运算。当时我们投入了很多，希望这个 BASIC 可以最终进行浮点运算。我拜托沃兹，希望他能将其升级到进行浮点运算。但沃兹始终没有做到。事实上，他从来都没有考虑过这么做。我并不知道原因，他只是始终没有做。而大家知道，微软在这个时候广受欢迎，他们拥有可以进行浮点运算的 BASIC，于是，最终我们走到了一起。当时我们为可以进行浮点运算的 BASIC 支付了 31000 美元。

你怎么评价乔纳森？

乔布斯：乔纳森给苹果乃至世界都带来了巨大的改变。他在各个方面都极其聪明。他理解商业和营销，接受新事物非常快。他比任何人都更理解苹果的理念。乔纳森是我在公司的"精神伴侣"。我们一起构想出大多数的产品，然后邀请别的伙伴加入。对每一个产品，他既有宏观层面的理解，又能照顾到细枝末节。他知道，苹果最注重的是产品。他不仅是设计师，这也是他向我直接汇报工作的原因。他是除我之外公司里最具有运营能力的人。

Steve Jobs and Bill Gates at D5

价值，不变的追求

STEVE JOBS

苹果公司有两个目标，一方面是实现盈利，另一方面是制造最优秀的产品。我们曾经一度偏离了这些目标，公司的低谷也正是这一小小的偏离导致的。我重返苹果公司的第一件事，就是找回它的追求和信念。

——乔布斯

我们都迈过了 1984 年，但这个世界并没有被电脑统治，可能一些人会对此感到吃惊。若是因为电脑疯狂增长，人们要去赞扬或者批判谁的话，毫无疑问，你这位 29 岁的电脑革命之父将居于首位。这场革命让你实现了梦想，获得了财富，你的那些股票曾经一度值 5 亿美元之多，对不对?

乔布斯：这一年股票下跌给我带来了 2.5 亿美元的损失。但我决心不能让我的生活毁在它手里。你不觉得好笑吗？这些钱给我带来最大的感觉就是滑稽。在过去十年间，在我的所作所为中最深刻、最有意义的事情并不是一直盯着钱看。我甚至觉得这让我变得苍老，在大学演讲的时候我发现，很多大学生对我的了解最多的就是我是一个百万富翁。我的学生时期 20 世纪 60 年代刚刚结束，当时还没有变得像现在这样功利。再看看现在的学生，他们不再去想那些充满理想的事情，或者说有但是已经变得很少。如果他们的专业是商业，那么就不会拿出太多时间去想哲学问题。但是我的学生时代 60 年代刚刚结束，还能感觉到那时的那种理想主义思潮，我认识的同龄人中，多数都受那种思想的影响，并且十分显著。

> 你和史蒂夫·沃兹尼亚克是十年前从车库里走出来的成功者，你们所开创的又算是什么革命？

乔布斯：100 年前的石油化工革命为我们带来了自由的能量，这场革命改变了我们的生活、改变了我们的社会结构。不过石油化工革命带来的能量是机械能，而现在我们经历的信息革命所带来的是另外一种能量，即智能。可能这种对比现在还不是很明显，不过我们制造一台 Mac 的耗电量比一盏 100 瓦的灯泡的耗电量还要低，每天能为你省下几个小时的时间。10 年之后呢？20 年、50 年之后呢？那时会是什么样子？我相信我们的成就将会是最先进的，远远超过石油化工革命。

> 难道说，一个人花 3000 美元买回家一台家用电脑，就是为了那么一个信仰吗？

乔布斯：这个信仰在将来一定会实现。但真正让我们感到困难的地方是，有的人一定要问你一些细节问题，而我们真的无法回答。如果有人在 100 年前问亚历山大·格雷厄姆·贝尔："电话有什么用？"我想，他也不能回答你电话究竟将如何改变世界。人们通过电话来了解当晚上映的电影，向商店预订百货，与地球另一端的亲人通话，我想这些他都不知道。不过，请牢牢记住，1844 年下午第一封公开电报发送成功。这是通信史上的伟大突破。从纽约把信息发送到旧金山，只需要一个下午的时间。当时人们说要在美国每张桌子上都放上一个电报机，这样就能提高效率。结果呢，这个设想没有实现。为什么？因为要想发电报，就需要学会使用莫尔斯电码，那种"滴"和"答"的声音就像是一套古怪的咒语。学会这套电码需要 40 个小时，但多数人一辈子都不会使用。幸运的是，1870 年贝尔申请了电话专利。电话的工作原理同电报一样，但人们很容易就能学会如何使用，更棒的是，使用电话不仅可以用文字来交流，你甚至可以唱歌。不仅仅是文字，你还可以把语调传输过去。我们现在的处境与此类似。有人认为，要在美国每张桌子上摆上 IBM PC，这样便可以提高效率。这样做不会有效。因为你必须要学习一些咒语才能使用它，比如"/q-z"之类的。现在最流行的文字处理程序是 WordStar，这个程序光是使用说明就有 400 页厚。

你想写一本小说，就得先读完一本小说，而且对于大多数人来说，它简直就是一本天书。没有人会去学习 /q-z，就像他们当初不会去学莫尔斯电码一样。而 Mac 所起的作用就在这里，它就是这个行业里的最早的一部"电话"。不仅如此，我觉得 Mac 最厉害的地方在于，它会给你对着电话唱歌的感觉。你既可以用文字来通信，也可以通过特殊的打印样式，以及绘制的图片来传递信息。

> 你说你们对工作充满热情，同时你们还有百万美元的广告费，加上你对媒体的吸引力，消费者该如何透过这些表象看到你们背后的实质？

乔布斯：从竞争的角度来说，广告是不可少的。IBM 的广告到处都是。优秀的公关能力会教育人。在我们这一行，你不可能欺骗别人，产品自己便会说话。

人们说起苹果的时候，一般指的都是苹果公司，而不是苹果电脑。你在苹果公司中发挥的作用是不是也是如此？

乔布斯：是的，我们不仅可以用电脑，还可以通过其他方式影响社会。我觉得到了80年代末或者90年代初，苹果公司会成为《财富》500强公司的楷模。10～15年前，若是让美国人列出最让他们振奋的五家美国企业，宝丽来和施乐肯定上榜，但是现在呢？它们去哪里了？人们不再像以前那样让它们上榜。什么原因？当一家企业的规模达到年收入几十亿美元，它便会或多或少失掉一些信念。到那时，一些中层管理人员便会被安插到运营者和一线做事的人中间，这些中层管理者不会对产品产生强烈的感情；而那些一线做事的人虽然有激情，但他们若想按照自己的想法去做事情，必须花大力气去说服那些中层管理者。大多数企业都面临一个情况：企业内的工作环境是打压个人式的，而非鼓励式的，这样的环境中人才大量流失。人才一旦流失，企业也就将陷入平庸。我为什么知道这些，因为这就是苹果为什么会发展壮大的原因。苹果是一家"埃利斯岛"式的公司。苹果的发展壮大，依靠的便是其他企业流失过来的"难民"。这些优秀的人才为苹果的发展作出了巨大贡献，但同样是他们，在其他企业则是惹是生非的人。

你知道，埃德温·兰德博士就是一个惹是生非的人。他从哈佛大学退学，之后创办了宝丽来。他是这个时代最伟大的发明家，除此之外，他还发现了艺术、科学与商业三者的交叉点，并成功将其实现为一个企业。这么多年来，宝丽来一直遵从这一理念，但是结果呢？作为企业的创立者，惹是生非的埃德温·兰德博士竟然被赶出了公司，我见过的最离奇的事情恐怕也就是如此了。之后的兰德以 75 岁的高龄开始搞科学研究，尝试揭开色觉的奥秘。这个人可以说是国宝，但我不明白为什么人们不把他作为偶像，还有比这更荒谬的事情吗？所谓的偶像就应该是这样的人，而不是那些什么宇航员和橄榄球选手。

不管怎样，我们面临着很多挑战，其中最大的挑战便是将苹果发展成价值上百亿甚至二百亿美元的企业。能否完成这一目标，也将是判断斯卡利和我在这五年或者十年是否称职的标准。到那时苹果还会坚持今天的理念吗？为此，我们正在建立起一种新的理念。无论是飞速发展，还是全新的管理理念，都没有一家企业能让苹果借鉴，我们只能摸着石头过河。

> 按照你的理念，苹果为什么一定要发展为
> 目前 20 倍的规模？为什么不保持现在的规模？

乔布斯：在这一行业中，如果你想不停地作出贡献，就必须发展壮大，苹果就必须成为上百亿的大企业。高速的发展要求我们必须跟上这种速度，我们现在真正担心的是这个问题，而不是挣多少钱，这个问题毫无意义。

苹果的员工经常会每天工作 18 个小时。我们有这样一群人，他们不愿意用五年或者十年的时间去等待，他们愿意接受具有挑战性的工作，为自己赢得广泛的关注。我已经认识到，我们现在所从事的工作的重要性。现在，我们处于一个起点，我们希望能制定好未来发展的方向。这里的每个人都意识到，现在是决定未来的关键时刻。这么多年来，我们一直在享用别人的发明。我们穿的衣服不是你我发明的，我们吃的食物不是你我发明的，我们交流使用的语言不是你我发明的，数学更不是，它来自外界。我们基本上没有机会发明什么。但现在我们有了这样的机会。我们还不知道未来将会走向哪里，但是我们知道，有些东西比所有人想象的还要恢弘。

你曾说过要借助 Mac 来拿下企业市场，那你能否保证在市场上凭借 Mac 击败 IBM？

乔布斯：是的，我们能。企业市场是由众多企业组成的，不仅仅包括《财富》500 强企业，在这 500 强中 IBM 保持绝对领先，我把目光放在前 500 万强或 1400 万强上面。美国的小企业有 1400 万家，我觉得其中很大一部分都需要实现电脑化办公。1985 年的时候，我们就曾经给这些企业提供过一些有效的问题解决方案。我们不希望将它们当作企业来看待，而是作为一群人的集合。我们也不希望仅仅是提高他们处理文字和数据的速度，而是希望从本质上对传统的工作方式有所改变，比如改进人们之间的通信方式。在我们看来，5 页的备忘录完全可以压缩成 1 页，同时一些重要的事项可以借助图片来表达。这样的通信方式将大大减少用纸，同时提高了通信质量，而且使通信变得更加有趣。工作中往往是这样：一个原本非常风趣的人，一踏进办公室就变得无精打采。事情原本没有这么糟糕。如果我们能在看似严肃的商业领域引进一些自由主义精神的艺术元素，我觉得这将是一种贡献，潜力无法估量。

> 但是在企业市场中，与 IBM 的竞争才是最重要的。IBM 稳重和高效的形象已经深入人心，就连刚刚踏入电脑行业的 AT&T 也在你们之上。与它们相比较，苹果还是一家年轻的、没有经历过风浪的企业，尤其是在那些潜在的企业用户眼中。

乔布斯：Mac 的作用便是逐渐打进企业市场。IBM 的策略是自上而下，在企业市场中，以使用大型机的企业为发展的重点客户。苹果若想成功的话，就要走平民路线。拿网络来说吧，IBM 的做法是连接整个公司，而我们则会将重点放在小型工作组上。

> 行业里面的一位专家说，若想让这一行业得到发展，并且服务消费者，就必须建立起一个通用的标准。

乔布斯：这是完全错误的。如果说现在应该建立一个标准，那是不是也应该给 1920 年的行业建立一个标准？若真是那样的话，恐怕像自动换挡器、转向动力装置和独立悬挂这样的东西也不会被发明出来。技术封锁是我们最不愿意做的。Mac 在电脑行业中是革命性的发明，它的技术绝对领先于 IBM。我们应该提供一种 IBM 之外的选择。

> 苹果在市场评估中超越了微软，对此你有何感想？

乔布斯：对于从事这个行业很长时间的人来说，这是件不可思议、超现实的事。但是，其实这没有什么大不了的。这并不重要，它既不是让你每天早上来工作的动力，也不是客户买我们的产品的原因。所以，我们应该牢记一点：记住我们所做的事情和做这件事的原因。

> 在过去十年你回到了苹果，你觉得下一个十年将会是什么样的？

乔布斯：无论如何，苹果公司的核心价值不会改变。十年中，苹果变得更加强大，但我们所做的事情和五年前、十年前一样，就是为人们做出最好的产品。如果世上任何一人给我发邮件说他在英国买了 iPad，告诉我 iPad 是他们买回家的最酷的产品，那么这对我来说将是完美的一天。这就是让我继续前进的动力。这也是五年前、十年前让我继续前进的动力。

WWDC2008

我们正在进行一个非常艰难的项目。很多企业都参与到了这个颇有难度的项目中，事实上，35% 的世界 500 强企业都参与到了这个项目中，其他企业如 5 大商业银行，5 大安全公司，以及 7 家最大航空公司中的 6 家，10 家最顶尖的制药公司中的 8 家，10 家顶尖娱乐公司中的 8 家都加入了这个项目。所以情况并不太糟。我们已经得到了大量的反馈。

除了这些全球 500 强公司，我们还有来自高等教育界的一些重量级参与者。有很多世界顶尖的大学参与了这个颇具挑战性的项目，因为他们，我们得到了难以置信的反馈信息。

为了对迪斯尼 IT 环境获得一个大致的了解，我们联络了世界各地包含 1500 种商业应用程序的 5 万部台式电脑和笔记本。

——Randy Brooks

迪斯尼公司 IT 战略及构建部高级副总裁

Sonnenschein Nath&Rosenthal 公司是一个有 101 年历史的律师事务所，我们在欧洲 14 个国家设有办事处。

——Andrew D.Jurczyk

Sonnenschein Nath&Rosenthal 律师事务所首席信息官

我们有 500 万份可搜索文档，其中 3.5 万份在局域网，还有大量的文档在数据中心。

——Todd Pierce

Genentech 集团信息技术公司副总裁

其实在科技应用方面部队和大公司没有什么不同，当我们使用手机时，我们就很有可能被敌人发现并杀死。

——Colonel.C.J.Wallington

美军高科技指导员，陆军中尉

当苹果公司宣布 iPhone2.0 开始测试时，我们公司的很多人马上联系我，迫不及待地说："我能有一台吗？"

——Andrew D.Jurczyk

Sonnenschein Nath&Rosenthal 律师事务所首席信息官

我们快速简单地把 2.0 融入了我们的网络，第一周我们就部署了 7 项应用程序，现在我们有 2000 多名员工在为 iPhone 的事业而努力。

——Todd Pierce

Genentech 集团信息技术公司副总裁

在过去的几个月里我们一直在辛苦地测试刚发布的新版本，新软件大功告成了。

——Randy Brooks

迪斯尼公司 IT 战略及构建部高级副总裁

苹果公司认为当你进入一个大公司时，你不可能仅仅依赖于现有的环境。iPhone2.0 和微软如此完美地融合，我现在也可以用 iPhone 发送 Push Email，Push Calendar。

——Randy Brooks

迪斯尼公司 IT 战略及构建部高级副总裁

Push 技术的美好之处在于它非常透明，我不需要有任何疑虑。iPhone 是一个可以让我随心所欲地看 Word 文档、Excel 文档和 PPT 文件的装置。

——Andrew D.Jurczyk

Sonnenschein Nath&Rosenthal 律师事务所首席信息官

我的通讯录里有 200 多万用户，这可能是世界上最大的通讯录。我能在任何地方找到我想要寻找的人，iPhone 创造了一个美妙的地球村。

——Colonel.C.J.Wallington

美军高科技指导员，陆军中尉

目前我们可以用 iPhone 连接整个环境，查看 600 多万份的文档，获得商业发展信息，查看公司内部的合同，所有这一切，都可以通过 iPhone 手机远程做到。

——Andrew D.Jurczyk

Sonnenschein Nath&Rosenthal 律师事务所首席信息官

我们也可以通过已经被嵌入 2.0 的 VPN 来安全地进入公司内部的网络，从安全角度来说，这种嵌入是非常必要的。

——Randy Brooks

迪斯尼公司 IT 战略及构建部高级副总裁

Genentech 公司致力于保护用户的信息，新版的 iPhone 提供了

WPA 和 VPN，以及所有我们需要的工具，确实保障了用户的安全。

——Todd Pierce

Genentech 集团信息技术公司副总裁

我们公司的安全部门和苹果公司的安全服务部门，以及 FBI 的国土安全组有密切合作，所以保障客户的安全及保护他们的隐私不受侵犯对我们来说是极其重要的。

——Andrew D.Jurczyk

Sonnenschein Nath&Rosenthal 律师事务所首席信息官

远程清除是一个伟大的创举，我需要确定我可以保障我手机的信息安全，我可以把它锁起来，或者当我丢失手机的时候，我可以删除毁掉我手机上的全部信息。这事关我们士兵的生命安全。

——Colonel.C.J.Wallington

美军高科技指导员，陆军中尉

新版软件将改变游戏规则。

——Andrew D.Jurczyk

Sonnenschein Nath&Rosenthal 律师事务所首席信息官

在企业里提升 iPhone 的作用，最关键的就是使用 2.0。

——Todd Pierce

Genentech 集团信息技术公司副总裁

我们相信 iPhone 是企业课堂中的移动计算平台，人们现在可以把笔记本中的东西打包存进智能手机。

——Randy Brooks

迪斯尼公司 IT 战略及构建部高级副总裁

很多研究者热爱 SDK，然而现在的 SDK 中却缺少一项十分必要的功能，只有少数研发者才需要的功能。这项功能实质上就是在用户不想再运行 app 时提醒他们退出。以 eBay 为例，他们想提醒用户有人比他们出价更高。我们想解决这个问题，但是该怎么解决？很多公司采取了错误的解决方式，就是采用后台运行，这意味着程序会继续运行，即使用户觉得他们已经退出了。后台运行错在几个方面：一是电池寿命的损伤。即使后台运行，程序依然会耗费电量。第二个原因在于影响手机的正常运行。当你在运行 app 时，你当然希望它表现良好，但后台运行却会拖慢 CPU 的运行速度。很多其他的平台都意识到了这的确是一个问题，其中一个平台想出了这样的解决方式，任务经理。这更像是在比赛，让用户发现是什么程序在拖累 CPU，然后把它关掉。我们想出了更好的方法。我们将为所有用户提供 Push Notification Service。它如何工作呢？比如你正在运行一个即时通讯 app，在运行时，它被连接到服务器，你可以发送任何信息。但当用户退出这个 app 时，这个 app 就再也连不到服务器了。我们会为手机配置一个静态 IP，所以第三方服务器可以通过我们的服务为用户做提醒。企业可以设置三种提醒，企业可以设置 app 里有多少需要用户了解的信息，企业也可以设置提醒的声音，企业也可以发送文本提醒。研发者可以在 app 上设置按钮。

Push Notification Service 是一种针对所有研发者的联合提醒设置服务，它可以保护电池电量，再也没有后台运行的程序无谓的耗费电量了。它可以使你的手机表现良好，免于后台运行的程序干扰 CPU。最后这项提醒服务是通过无线网络发送的。9 月份这项服务将正式问世，但下月各位研发者将先睹为快。这将是 SDK 的新篇章。

除了企业支持和 SDK，我们还有几个 iPhone 的新特征要为各位介绍。首先是查找联系人，你只需在屏幕顶端键入几个字母，就能马上找到你想找的人。其二是我们刚刚在 iPhone 中新加入的 iWork 功能，以后你就可以在 iPhone 上阅读公司文档、文件、报表以及基本的图形。我们还完善了 iPhone 微软办公软件，现在你可以在手机上使用 Word，Excel 和 PPT 了，你可以把文档下载下来，随时阅览。

我们也添加了 Bulk Delete&Move，你可以一次性删除多个软件，非常方便。你还可以用 Save images 来保存电子邮件中的图片。我们了解到一些用户需要科学计算器，只要把手机屏幕横过来，简易计算器就变成了科学计算器。我们还开发出了 Parental Control，虽然很多青少年可能不喜欢这种软件，但这是十分有必要的。除此之外，我们为 iPhone 加入了多种语言，特别值得一提的是亚洲语言，我们设置了两种日语以及简体和繁体两种中文，新的 iPhone 支持用户在屏幕上手写中文。用户可以在多种语言间自由切换，真的非常棒。

以上都是 iPhone2.0 的新性能，有了这些新特征以及企业支持，SDK 一定会让 iPhone2.0 非同凡响，更上一层楼。iPhone2.0 软件将于 6 月份开始面世，所有 iPhone 用户都可以免费获得，iPod touch 用户只需 9.99 美元就可以获得，非常令人兴奋。

我想介绍其他一个相关的方面就是用户如何获得 app，所有用户可以无限下载并支持自动更新。对于研发者来说，他们可以自由定价并获得 70% 的盈利，苹果公司不会再收取任何其他的费用。

现在苹果专卖店已经开到了 26 个国家，我们计划明年开到 62 个国家。如果你的 app 不到 10M 大小，你可以通过 cellular，Wi-Fi，iTunes 进行下载，如果大于 10M，则需要通过 Wi-Fi 或 iTunes 进行下载。

我们接到了一些反馈，很多企业家并不喜欢我们处理 app 的方式，他们更喜欢自己去处理。我们因此拓展了传递 app 的方式，在企业内部，企业家可以管理所有的 iPhone，并且制作只能在雇员手机上运行的 app，这些 app 只能通过局域网传递，用户可以通过 iTunes 进行下载。

除此之外，还有第三种方式，那就是 Ad-Hoc，如果你是一个大学教授，教一门叫做"如何写作 iPhone 地图"的课程，你希望你和你的学生可以进行实时的信息传递，现在你可以做到了，这不是天方夜谭。有了 Ad-Hoc，我们发展了一个研发者传播项目，最多可以注册 100 个 iPhone 用户，从此你们就可以自如地传递 app 了。所以针对团体用户我们有两种额外的方法来联系苹果店。这是一个传奇。

MobileMe 是一项全新的服务，什么是 MobileMe？简单说来，就是我们与其他人之间的交流。并不是所有人都在大公司工作，也并不是所有人都有交流经验，但我们都渴望有交流的能力，现在你有机会了。有了 MobileMe，我们可以同步 E-mail、联系人和日历数据等。不管你在哪，这一切都可以实时更新。MobileMe 将数据存储在云端，只要有相关的设备比如 Mac 和 iPhone，不管在哪里都能实现数据的同步。如果一端信息更新，那么另一端的信息也会相应的更新。简单说来，如果你的电脑在旅行期间收到了新的 E-mail，那么你其他所有的通讯设备比如 iPhone 也会收到新的 E-mail，反之亦然。MobileMe 最好的地方就在于它是在空中通过无线网络进行的，并且同步更新。当然 Mac 电脑和 PC 也同样适用，MobileMe 适用于 Mail iCal，Address Book，它们都和 MobileMe 紧密地结合在一起。

PC 用户也可以使用 MobileMe，用户可以在 Outlook 中保存邮件和联系人。我们该对此作何期待？我们可以期待的是，MobileMe 对电脑自带的 app 同样适用。全新的 Web2.0 体验会令人们惊喜。这是如何工作的呢？很简单，在任何的电脑，PC，Mac 上打开浏览器，输入 me.com，就可以了。这是为这个 app 设计的新网页，用户只要登录进去，就能获得丰富的 E-mail 体验。在页面顶端有 app 工具，用户可以在这些工具之间自由转换。在邮箱方面，联系人信息储存在云端，可供用户随时调用。除此之外，用户还可以体验到基于网页的画廊技术，任何 MobileMe 用户都可以连接到"画廊"。用户也可以连接到邮件、联系人以及照片。

比如我想和朋友分享照片，通过 iPhone MobileMe 服务发送出去，那么朋友们都可以通过网页界面看到我的照片。

近来十分流行的 iDisk 也是基于网页界面。用户可以将自己最爱的文档或最重要的联系人存入 iDisk，便可以与他人分享。Web2.0 界面是一个重大的突破。下面我将为大家做更具体的展示。

在这台 Mac 电脑上，我打开 Safari 浏览器，登录进去。在 2.0 下所有的信箱都设置好了，环境非常流畅，用户可以非常方便的阅读 E-mail，并选择一些存档。需要存档的话只需要将邮件拖动到左边相应的文件夹中，非常方便。有时我会收到一些朋友的邀请，让我出席一些重大活动，我要做出回复，只需点击一下邮件题目，就会弹出回复窗口，很容易。再看看联系人，可以通过搜索条搜索联系人，或者键入地址，马上就会弹出内嵌的谷歌地图，很简单，但功能强大。下面让我们看一下日历，日历的环境同样内容丰富，我们可以按天查看，也可以按月查看，我们可以在相应的日期下做个人安排，并对这些安排做出调整。除此之外，画廊的操作也很简单，我们可以浏览照片，随意调整照片的大小，旋转图片的方向。然后，有了 iDisk，用户再也不需要远程发送超大容量的邮件，只需要将文件放入 iDisk，就可与他人共享了。

如果想退出 MobileMe 的话，点击右上角的叉号就可以了。

下面我想为大家介绍的是 iPhone 和 MobileMe 之间的交互，打开 iPhone，我收到了很多封 E-mail，启动一下 Push，现在 iPhone 就在 Push 技术下了。需要读邮件的话我只需要点一下邮件，用过 iPhone 的人都知道如果邮件中提到地址，那么只要点击它，马上就会弹出谷歌地图。查看一下这个饭店的详细信息，预订餐位，看看菜单。让我们看一下 Mac 的反应，打开邮箱，我们可以看到刚刚在 iPhone 上预订饭店的信息已经同步到电脑中了。我们再看一下日历，我想安排和 John 的午餐会晤，MobileMe 现在已经把午餐会晤的信息发送到云端了，让我们来看一下 iPhone 的日历，午餐会晤马上同步过了。再试一下日程修改，iPhone 和 Mac 仍然可以实时同步。最后让我们看一下照片的同步，出去旅行的时候拍了一些照片，想让父母看到，怎么办呢？我们可以把照片放入其分类的文件夹后发送至 MobileMe。再打开 Mac 电脑，打开相应的文件夹，没错，照片已经同步过去了。

MobileMe 是一项崭新的应用，它让一切都与时俱进。Mac 和 iPhone 上的邮件、联系人和照片都可以实时同步。这不同于任何我曾经用过的网页 app。MobileMe 是人们的好伙伴。只需每年缴纳 99 美元，就可以享用此项服务。MobileMe 是如此的令人惊叹，所以我们决定前六天免费试用。它将和 iPhone2.0 一起于 6 月份上市。有人提到 Mac，MobileMe 是 Mac 的替代品，Mac 用户仍可以继续试用，但最终会自动更新。

研发 MobileMe 花了我们一些时间，但最终我们实现了既定目标。现在我想说一些发自肺腑的话，再有几周就是 iPhone 的一周岁生日了，我们在 2007 年 6 月 29 日推出了第一代 iPhone。发布会那天很让人激动，之后 iPhone 摘得了一系列的荣誉，比如"年度最佳发明"等，很多人相信，iPhone 永远地改变了手机。不过最让我们感到开心的是用户真的喜欢 iPhone。在一项"什么产品最让人满意"的调查中，90% 的人把票投给了 iPhone，在其他的调查中，98% 的 iPhone 用户会用 iPhone 手机上网，94% 的用户会用 iPhone 手机查看邮件，90% 的用户会用 iPhone 发短信，此外，有 80% 的用户会用 iPhone 的 10 项独特功能，甚至更多。

第一年里 iPhone 卖出了 600 万部，对此我们感到心潮澎湃。但我们深知 iPhone 还面临着许多重大的挑战，还有很多座山要攀登。第一个挑战来自 3G 网络，第二个挑战来自企业支持，第三个挑战来自三方应用，第四个挑战则是我们希望往更多国家销售 iPhone，现在 iPhone 在六个国家出售，但我相信我们会往更多国家销出我们的产品，全世界的人都会使用 iPhone 的。第五个挑战是很多人希望我们能让 iPhone 便宜一点，喜欢 iPhone 的人很多，但不是所有人都买得起。我曾经试图了解那些不买 iPhone 的人不买的原因，结果 56% 的人告诉我说是因为 iPhone 太贵了。所以我们会尽量让 iPhone 便宜一点。

下面我们来谈另一部分，iPhone 3G。

在充分学习借鉴 iPhone 一代的基础上，我们创造出了 iPhone3G。它非常美丽轻薄，周身经典全黑色，机底覆盖有坚硬的金属，它的屏幕 3.5 英寸大。我们可以看到它的耳机插孔以及摄像头。iPhone 的音响效果得到了进一步的提升，一切都很棒，手感也非常不错。

接下来这张图所列举的几个方面，iPhone 是如何一一做到的呢？首先来看一下 iPhone 的 3G 网络，为什么用户需要 3G 网络，因为他们需要更快的下载数据，特别是在浏览网页和读邮件的时候。下面我们用同样的网页在同样的位置对 Edge 网和 3G 网做对比，这个网页中有很多的图片以及层次，我们可以看到在 3G 网络下 iPhone 下载该网页只用了 21 秒，而在 Edge 网下却用了 59 秒，3G 网络比 Edge 网络快了 2.8 倍，而下载同样的网页，Wi-Fi 网只需要 17 秒，3G 网络几乎接近 Wi-Fi。下面是在同样网络下不同机型下载同样内容的对比，可以看到下载同样的网页，iPhone 3G 用了 21 秒，而 Nokia N95 和 Treo 750 则分别用了 33 秒和 34 秒。iPhone 3G 比后面两部机器快了 36%。而只有在 iPhone 手机上，用户才能看到完整的网页。

另一个比较典型的例子是查看邮件，经过对比我们可以看出查看同样的邮件，在 edge 网络下需要 18 秒，而在 3G 网络下只需要 5 秒，3G 网快了 3.6 倍，而在 Wi-Fi 网络下只需 3 秒。除此之外 iPhone 的电池持续时间也值得一提，电池持续时间可达 300 小时，在 2G 通话下可持续 10 小时，我们将这一时间从 8 小时提到了 10 小时，在 3G 任务下可持续 5 小时，其他手机在 3G 下工作只能持续 3~5 小时，在这方面我们处于行业领先地位。除此之外，看网页电量可持续 5~6 小时，看视频可持续 7 小时，听音频可持续 24 小时。iPhone 3G 有了更好的性能，更快的数据下载速度。除此之外，我想再谈谈 GPS，在 iPhone 3G 中内置了 GPS 功能。我们知道定位是 Web2.0 的核心，我们从信号塔收集数据，通过 GPS 和 Wi-Fi 定位。我们还可以用 GPS 进行跟踪。这就是 iPhone 3G 的第一个方面，3G 以及 GPS 定位。

第二个方面是企业支持，这一方面之前我们已经谈到了许多内容，我们同很多 500 强的企业建立了合作并得到了许多反馈。第三个方面是三方应用程序，我们有 SDK 和很好的工具，我们还开发出了分配 app 最好的方式。第四个方面是我们会将 iPhone 卖到更多国家，现在 iPhone 售往 6 个国家，我们打算把 iPhone 3G 售往 12 个国家，在未来的几个月我们的弹性目标是 25 个国家。下面我们来看一下新增加的国家。

现在总共是 70 个国家，真是太让人兴奋了。所以北美主要的国家都包括在内了，还有中美及南美的 15 个国家，以及欧洲的 29 个国家，亚洲和大洋洲的 8 个国家。我们非常兴奋。我们和以上这些企业合作出售 iPhone，它们都是科技相关的企业。所以未来一年内我们要把 iPhone 销售到 70 个国家。最后一个方面是让 iPhone 更便宜。比起第一代 399 美元的售价，iPhone 2 代手机 8GB 只需首付 199 美元，这样所有人都买得起了。16GB 的 iPhone 3G 手机也只要 299 美元，而且 16GB 版还有一个特别之处，那就是它有白色版的，非常漂亮。

我们首先会在 22 个最大的国家销售 iPhone 3G 手机，iPhone 3G 将于 6 月 11 日在这些国家同时发售，在所有国家的定价都不超过 199 美元。我们都期待那一刻的到来。我想你们一定期待 iPhone 的新广告，下面我将为大家播放 iPhone 新一季的广告。

就像 iPhone 一代一样，iPhone 3G 是我接触过的最好的产品，研发人员请起立，让我们对他们报以热烈的掌声。太棒了，你们做的太棒了。我们拥有如此多天赋超群的人才，他们为产品的研发倾注心血，希望各位用户能在使用 iPhone 时感受到他们全心全意的付出。iPhone 3G 手机将于 6 月 11 日在 22 个国家发售，这只是开始。

WWDC1998

　　向疯狂的人致敬！那些叛逆之人，制造麻烦之人，打破常规之人，那些用不同的视角看世界的人。他们不喜欢规则，对现状毫无敬意。你可以与他们争吵，你可以不同意他们的意见，将他们神化或者恶魔化，但是你唯一不能做的就是忽视他们，因为他们带来的变革，因为他们将人类向前推进。有些人将他们视作疯狂的人，我们可不这么觉得，因为那些疯狂到相信自己可以改变世界的人，正是那些改变世界的人。

　　Think different. 不同凡响。

　　我 10 个月前回到苹果。很多事情都打破了，我们在 10 个月的时间内改正了很多事情。我们很高兴地告诉各位，苹果回到正轨上来了，公司的情况很棒。让我来告诉你一些具体的。当然，很大一部分成就归功于苹果的员工们。他们真的很棒，疯狂的工作，让苹果重新焕发光彩。你看一个公司，最重要的就是这里的人。苹果有一群卓越的人，我们有一群很明智的董事，非常强大的管理团队，最重要的是我们有着一群非常有天赋的员工。有了很棒的人才，最重要的事情就是留住他们。去年夏天，苹果流失了一些员工，每年30%的比例，以这种比例流失人才，一个公司很难支撑下去，我很高兴地告诉大家，4月份降到了15%，低于硅谷的平均水平。

接下来，销售。我们对苹果的销售进行了很大的改革，其中较大的一个就是集中于全国最大的经销商，CompUSA。他们同意在店内开辟苹果的专卖店。因为这个，因为集中化。我们去年10月开始这个的时候，在CompUSA总共的电脑利润中，苹果占到3%，我很高兴地告诉大家，现在是15%，而且我们认为这个数字仍在增长。然后是苹果的网站Apple.com，因特网是公司的各种利益的一个集合，有顾客，现存的和潜在的竞争者，软件开发者，下载者。不论你能想到的任何人，他们都来到Apple.com。而且我们还有获奖的苹果商店。再次，增长，增长对我们很重要。10个月以前，每天点击量大约100万，现在每天是1000万。市场占有率，上个季度IVC评估的约为3.4%，这个季度是4.0%，增长了15%。我们对4%的市场占有率并不满意，虽然在教育部门、新卖出电脑中我们的成绩更好，但是我们希望在总占有率上有所提升。我们认为上周的新产品可以帮助我们做到这点。最后，财务。有很多雄心勃勃的计划，我们需要保持健康的财务才能推进这些计划。在这两个季度内，我们创造了一亿多美元的利润，而且我们在现金流上有改进，去年第4季度我们有16亿美元现金，上个季度我们有 18 亿美元现金流。这点对于向那些顾客和潜在顾客保证，10 年后苹果仍然在市场上非常非常重要。我们的市值，从 10 月前的 18 亿美元增长到今天的大约 40 亿美元。谁知道明天会怎么样呢？总的来说，我觉得我们都很关心的这家公司回到了正轨上。这感觉真是非常好。

我有幸代表苹果设计部门在上周介绍新产品，现在我再向你们介绍一下。如果你看看去年夏天苹果的产品，会发现苹果有无数的产品，服务器、显示器、打印机，等等。我问我的同事们，为什么我要选择 3400 型号而不是 4400 呢？我自己也不知道，专家也无法解答，一个顾客怎么才能选择呢？其中有些是很好的产品，但是现在我们一个也不生产了。我们回到商业课的第一节课，想想什么才是我们的顾客想要的产品。有的想要消费品，有的想要专业品，教育市场，对我们来说是个很大的市场，主要要消费品，但是也买些专业产品，而且每个消费者都希望在每一类中有便携机和台式机。我们可以制造 4 种产品，我们会做的很好，于是我们 10 月前就是这样做的。

我们专注于 4 款产品，意味着我们可以把整个团队投入进去，意味着我们更新和改善的速度会更快。我们下年有些棒极了的计划。这就是为什么我们今天在这里。我们在这里讨论我们的软件战略，我觉得它真的很好。我们 10 个月以来都在做这个。再一次，我们进行了严格的保密，这样可以展示给你们。当然我们没有时间说所有的，所以我们直接看那些最重要的。最重要的就是苹果的 OS 系统，还有我们加入了 Java，这对苹果是新的，还有 Quicktime。其他也很重要，但是这三个最重要。我想用相反顺序介绍它们。

首先，Quicktime，我在苹果的时候，我不太明白 Quicktime 是什么，我觉得就是个很小的窗口，里面放视频。事实上比这多多了。就像你们知道的，我们处于媒体的数字化时代。CD-ROM 有自己的标准，DVD 有自己的标准，电视、数码相机、电话会议，等等，所有这些都是数字化的，每个标准都不一样。这是一堆胡言乱语，互相完全听不懂。你想要把来源不同的视频放在一起，再把它们输出成不同格式，简直就是噩梦。这就是 Quicktime，它是一个数字媒体，就像 10 年前 PostScript 对于程序和打印机一样。你们有些人太年轻了，可能不理解它。让我收回这句话。如果 15 年前你是 app 开发者，比如说你开发处理器，简直是不可能的，为什么呢？因为每一个程序都需要一个独立的打印机，每一个打印机必须在一个程序中。所以如果你想有一个新的处理器，需要有数以百计的打印机驱动器，某公司成功的原因就是它们有 400 多人写打印机驱动器。反过来说，如果你想有打印机，你得要所有公司把你的打印机放入它们的程序，你可以想象，那时候创新并不快。PostScript 解决了这个问题，通过在两个防火墙间建立平台层，打印机理解 PostScript，而程序也能与 PostScript 对话。Quicktime

是完全一样的。对于多来源的和多目的地的数码内容的制作和播放来说，它都是一个统一的平台。这很重要。它如此重要，以至于 ISO 组织最近将 Quicktime 文件格式作为 MPEG4 的基础。这很重要，竞争激烈，Quicktime 赢了。它对我们所有人都如此重要，Quicktime 持续成为行业标准，我们把它们放入 Windows 系统，在两个平台上它都完全一样。我有个视频想放给你们看，展示一下它多么有渗透性。"Quicktime 对于视频制作、多媒体制作来说是一个平台性的产品，它用于专业性视频制作，对于 CD-ROM、DVD、多媒体，创作和出版来说是主要的工具。它用于 7 万多个网站中，而且是网络上第一位的视频格式。人们到处都在制作视频。人们没有意识到他们在电视上看到的是 Quicktime。视频对于任何想在互联网上传递消息的人来说都很重要。那些不用视频的人很快就会被淘汰。人们需要把视频、文字、虚拟和现实结合起来。ISO 组织最近将 Quicktime 文件格式作为 MPEG4 的基础。视频需要成为容易接触和获得的东西，MPEG4 和 Quicktime 允许你做到这一点。PostScript 使得开发者得以接受一种语言，开发程序。广泛，强健，灵活，可扩展。因为我们不知道 20 年后，数字内容会如何产生，如何使用。所以有一个在不同维度上可以扩展和深化的标准，非常重要。我可以选择最好的硬件、最喜欢的软件，如果我想改变我的视频引擎（engine），可以改变，这就是最好的产品，不需要你每年都改变自己的工具。我们对这个非常激动。可以在不同形式上，互联网、DVD、CD 等播放视频，这就是 Quicktime 所带来的。我们对 Quicktime 的重视就是因为它有能力接触到更多的人。"Quicktime 是我们软件战略中的重要的一点，你播放很多东西的时候，都事实上在用 Quicktime，它是多媒体中的主要的软件。我们在今年推出了 Quicktime3，Quicktime 可以在网页中播放，也就是说你可以在任意 http 服务器上放入 Quicktime 文件，不需要安装任何其他插件，就可以播放。另一个要说的是基于 http 的缓冲无法实时播放，要做到这一点，你需要实时互联网缓冲，包括大家刚刚达成共识的协议——RTP 实时传送协议，我们在今年秋天推出的 Quicktime 中将包括这个。为了展示这一点，我想请 Peter Hall 来介绍这一点。

Peter：像乔布斯刚刚说的，我们今年推出 Quicktime 3 的时候，我们非常需要进入互联网缓冲视频的市场。很多公司给了我们很好的基础，不过主要是在基于文件的视频中，而我们想发展的是实时的视频。我们今天想向你们展示一些新的 Quicktime 的技术。这里是 Quicktime 缓冲传输。你可能会觉得这很酷，我要把它放到我的程序中或者网页上要做多少工作呢？我们想向你们展示这有多么简单。这很重要，这意味着实时现场视频不仅可以放入网页，也可放入任何程序中。你们还记得我们的程序上有三个按钮吗？（乔布斯按按钮，远程操作程序）当你的 CEO 站在台上做鬼脸的时候，这种展示很难成功。（观众笑）这对于远程的电话会议和展示非常重要，你不仅可以对话、实时视频，还可以使用 Presentation。今年秋天 Quicktime 上市，包括了所有这些功能。谢谢。

谢谢 Peter。下面是 Java，我们想在 Java 上达到三点。第一点是统一的 JVM，即 Java 虚拟机。在苹果电脑上有很多 Java 虚拟机，使用者和开发者都感到疑惑，这简直一团糟，所以我们想统一成一体的，我们与所有的开发者合作，将他们所需要的功能结合起来，我们荣幸地通知大家，标准化地统一所有功能的 Java 虚拟机将很快推出。我们觉得这非常重要，将会是最重要的 JVM。我们想做的第二件事情是让它做到兼容。我们与两个合作伙伴进行了紧密合作，Sun（太阳公司）和微软，为我们的顾客提供更好的体验。我们很高兴地告诉大家，将推出 1.1.6 版本的 Java+Swing，如果你不知道这是什么意思，别担心。最后，我们想让 Java 变得很快。这并不简单，我们去你所能买到的最快的 G3/300，以及能找到的最快的奔腾 2/400 上试验，结果是这样，我们今年的测试结果（932）是去年（272）的 3 倍，这很好吗？并不好。因为 Navigator 的结果是 2716，而 IE4.0 的结果是 3898。所以说并不好。我们不能总和自己作比较，我们必须改进。我很高兴地告诉你们，即将推出的 Java 将达到 3107，而且我向你们保证我们将会更快，我们的目标是在今年秋天前做到绝不比任何其他的慢。

现在，MacOS，我们拥有的最重要的程序，10 个月前，我来到苹果的时候，很多人以为这就是 MacOS 的未来（垃圾桶）。苹果已经说了好几年了，这是疯狂的，因为 MacOS 有 2200 万的顾客，2 倍于此的用户，是这个地球上仅有的两个大规模的操作系统之一，而且有 1.2 万个应用程序。很多人以此为生。这绝对不是我们应该抛弃的东西，事实上应该是我们的皇冠。它需要打磨，扩展。这就是我们要做的。这个 Rhapsody（操作系统，MacOS 的前身）是非常好的技术，它既能操作旧的应用程序，又能操作新的程序，将给我们带来全新的功能。问题是你在这里运行旧的程序的时候，没有新功能；而如果想要新功能，必须重新写程序。没有人想这么做。所以我们得出结论，Rhapsody 是好技术，方向正确，但是不是我们想要的。所以我们决定走得更远。人们想要什么？他们想要先进的操作系统，能够运行 Mac 程序，是吧？那就是你想要的，那就是人们想要的。这意味着受保护的内存，虚拟内存，优先多程序，多线程运用，等等。所以我们想把这些结合到一起，而不是要求人们去重写程序。我们要做的就是不同凡响。或者向别人的口号说的那样，我们要的就是就去做吧（Just Do It.）。我很荣幸今天向你们介绍 MacOS 10，这是苹果系统中重要一步，是一个真正的变革。它将苹果系统带入了全新的领域，是 1984 年它发明以来最大的改进。但是它仍然可以运行现存程序，并带它们前进。

MacOS 10 有两个父母，一个是 Mac System8，而且将会进步，另一个是 Rhapsody。苹果系统已经发明了十几年了，有 8000 多个函数调用语法，我们精密梳理了所有的语法，因为其中有些使得我们不能前进，我们发现有 2000 个函数调用语法不好用，我们将它们都抛弃了，在 MacOS 10 中即将实现。我们将 6000 个干净的函数调用语法重新命名，加入了一些新的。我们将 MacOS 10 的 API 应用程序接口命名为 carbon（碳），我们的生命将取决于它，不是吗？我们仔细察看了 100 多个苹果程序，大部分 API 都可以在 carbon 中得到支持，但是有几个不行。基本上 carbon 可以支持 90％左右的 API。这意味着程序需要做微调，而不是重新写。需要做的就是修改那 10％。另一个重要消息就是 carbon 将在 OS 8 上运行。我们将会用新的 API 提供 OS 8 的语料库，这样当你为 carbon 作修改的时候，可以用完全一样的源编码做两个版本，OS 10 和 OS 8。下次你做 OS 8 时，可以为 OS 10 热身了。那么 tune-up（热身）看起来是什么样的呢？目标，而且它们一定会实现的，是 1-5 天在 carbon 中生成程序，1-2 个月来上市。把这个与我们一年前的进行比较，为了 Rhapsody，需要 1-2 年来重新编写程序。这就是我们要做的，1-2 个月的准备。取决于你的准备情况。再次声明，你已有的程序中 90％的 API carbon 是支持的。你的程序是什么？我们想知道，你们也是。我们为你们准备了资料，可以拿一份，网站上也有。这就是我们的 MacOS 10 的战略。所有的 G3 产品中都会安装 OS 10. 除此以外，carbon 在 OS 8 中也可以运行。那么 MacOS 10 具体说来是什么呢？保护内存，程序崩溃时，系统不会崩溃；虚拟内存，我们会用非常有效率的方式管理系统；优先多程序，这意味着真正的多程序；多线程运用；更快的网络，200Mb的以太网；等等。而且即使你不重写程序，它们在 OS 10 上也可以运行，只是无法使用那些新功能。我们相信我们会有一个很顺利的转化。我们会帮助你们。现在，时间表。首先我们从 System8 开始，这是我们战略中很重要的一环，第一季度发行 8.1，第三季度发行 Allegro，9 月开始 Allegro 称为 8.5，明年第一季度 8.6，第三季度 Sonata，如果你发现了，我们每六个月更新一次系统。我们的软件部门的工作非常好，会按时完成这些计划。这看起来真不错。Allegro 看起来很棒，你们明天会看到。再看看 Rhapsody，DR2 第二季度发行，今天就会出来，第三季度 1.0，接下来 Rhapsody 转化为 OS 10。我们来看看 OS 10，DR 今天发行，明年第一季度为试用版，第三季度 10.0，苹果系统诞生以来最大的变革。我们很有信心会遵守这个时间表。

你们的电脑与 IBM 不兼容，之所以这样做是不是因为不想受制于 IBM？有批评家说 Mac 不兼容 IBM 是傲慢的体现，就好比史蒂夫·乔布斯对 IBM 说"滚开"。

乔布斯：不是这样，我们不一定要怎样做才能表现自己的气度。我们这么做的原因很简单，最主要的还是技术，我们的技术更先进，要是和 IBM 兼容，这款产品就不会像现在这样好。我们不希望这个行业被 IBM 主导。有人会说不与 IBM 兼容，得不到 IBM 的保护，这样做肯定是疯了。我们敢于这样做原因有二：一是，我们坚信自己的产品能经得起历史的考验，我们的选择最终也会被证明是正确的。到那时，IBM将不再是什么保护伞，而那些原本生产兼容机的厂商也将会被打败。

第二个原因比第一个原因重要，就是我们想推动电脑进入更多家庭。在我们看来，电脑是迄今为止人类遇到的最重要的工具。本质上人是工具的使用者，若是电脑能被更多人使用，这个世界就会或多或少因此得到一些本质上的改变。

苹果的理念便是让电脑进入所有家庭，让它真正成为一种工具。但是当前 IBM 的技术无法做到这一点，我们必须要做一个不同于 IBM 的产品出来，这也是为什么会产生 Mac 的原因。

> 苹果和微软之间既有合作又有竞争，二者的竞争有时是一场零和游戏，苹果想要赢，微软必须要输，然后苹果也会输。但是许多人还是希望苹果与微软去竞争。这是为什么？

乔布斯：苹果内部有许多员工，甚至苹果的客户群希望苹果与微软竞争，因为有一段时期微软取得了成功而苹果却没有，很多人对此怀有嫉妒之心。苹果内部和苹果生态群中许多人参与了这项竞争，他们希望苹果获胜。事实上，苹果不需要打败微软，它只需要知道自己是谁。关于苹果的大秘密是苹果其实是一个软件公司。它的周围还有一些其他软件公司，微软就是其中一家。所以我们关注他们正在做什么并且我们自己也在构想一些真正伟大的事情。我们之间或许有一点儿小小的竞争，但是大部分都不是。我们没有想过将来要让麦金塔电脑占据 80% 的电脑市场。

如今，越来越多的公司变得强大起来，你怎样看待目前的市场环境和这些新兴的公司？

乔布斯：我认为现在行业发展得十分健康、有序，许多的年轻人不再为别人工作而是想自己创业。他们并不只是对新鲜事物感兴趣或是对卖东西给别人感兴趣，而是想开创自己的公司。我认为有些真正激动人心的公司正在兴起。

你刚回苹果公司时，它濒临破产，似乎即将被消费者所遗忘。你曾想象过会有这样的情况发生吗？

乔布斯：当时苹果离破产仅差 90 天了。我回来时，情况很糟，糟得让我无法想象，但是却仍有员工愿意留下来。我本以为所有优秀的人都已经离开了，结果却发现十分优秀的人还在。我尽可能冷静地提出疑问，问他们为什么还留在这里。很多人都回答了同一句话——因为我的身上流着六种颜色的血（也就是苹果旧标志上的六

163

种颜色）。我想这句话就意味着"我爱这家
公司的价值和文化"。正是因为这个理由使
大家愿意更努力地工作，使苹果得以存活下
来，使公司的价值得以保留并恢复到从前的
样子。

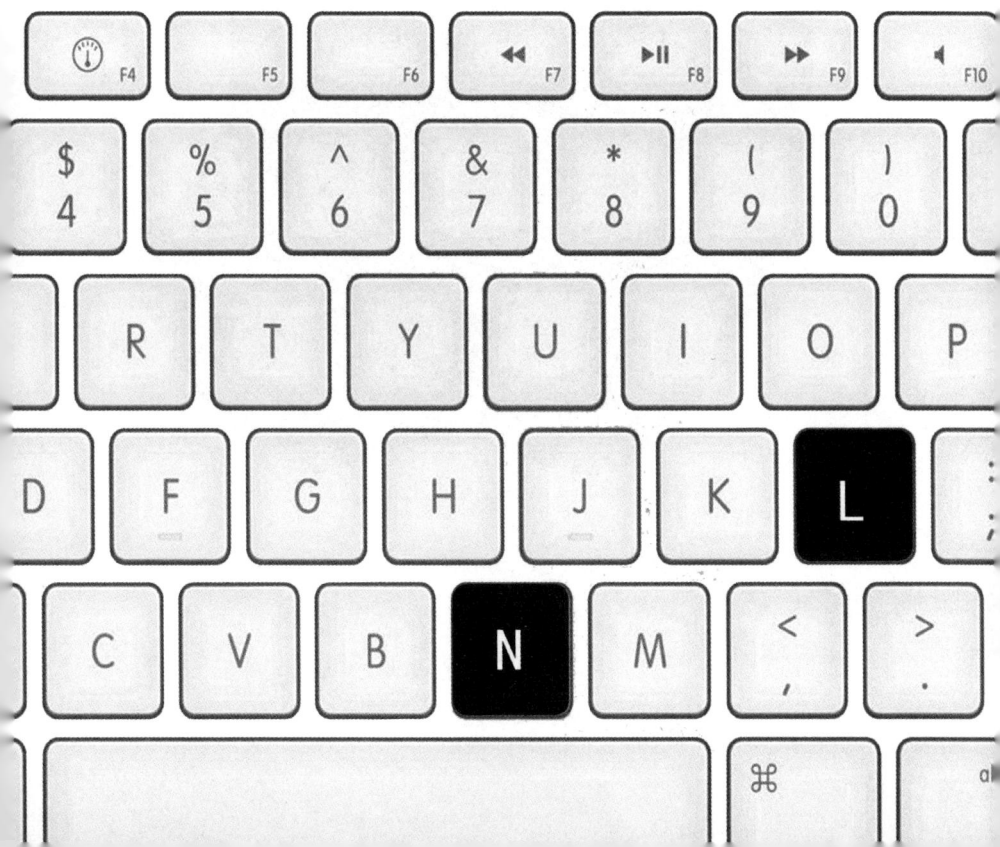

运筹帷幄的理念

无论如何，苹果公司的核心价值不会改变。苹果始终致力于向顾客提供最优秀的产品。

——乔布斯

◆ 我活着，就是为了改变世界。

◆ 领袖和跟风者的区别就在于创新。

◆ 晚上上床睡觉前，自己能够说声"我们已漂亮地干完活儿了"，这对于我来说比什么都重要。所以，成为坟墓中最有钱的人，对我来说毫无意义。

◆ 我在过去的 33 年里，每天都看着镜子里的我问自己："今天假如是我这一生的最后一天，我要做点什么呢？"我的答案如果连续许多天都是"没有"时，我知道，我该做些什么了。

◆ 认为技术能够改变一切，这是用一种偏激的态度去看待技术。如果这样想的话，会很危险。因为技术不一定要用改变世界来证明它的重要性。

◆ 我们没有走出去进行市场调查，我们为自己生产。我们就是判定它是好是坏的一群人。我们只是想尽我们的所能生产我们认为最完美的产品。

◆ 当你有了孩子，你看待事物的角度就会发生变化。我们呱呱坠地来到人间，经历短暂的一生，然后无可避免地衰老死去。我很难过，但这就是真相。这是千古不变的规律。

◆ 聚焦就意味着对必须重视的事情说是，这是一般人的想法，但聚焦根本不是这个意思。它的意思是要对现有的另外多种好主意说不，专注，精挑细选。

◆ 我经常说苹果公司是最具创意的技术公司，而皮克斯是技术最先进的创意公司。对于苹果，如果我们遇到任何事情都会问："它对用户来说是不是很棒？它对用户来说是不是很方便？"之后的事情就与在皮克斯相差无几了。

◆ 好莱坞的每个人都知道，一部好的动画片最主要的是故事、故事、故事。但当他们全心去做却发现这个故事并不怎么样时，他们会花更多的钱把故事修改成一个好故事。我认为软件业务同样如此。每个人都在大谈用户至上，但并没有多少人像我们这样真正做到这一点。

◆ 苹果电脑就是人类 21 世纪的自行车，它是工具，人类大脑的延伸，只要愿意，谁都可以拥有它。在人与电脑之间，可发展出特殊的关系，它可以提高个人的生产力。

◆ 苹果公司的品牌是公司的核心竞争力之一。虽然苹果公司的产品不是最完美的，但是公司的品牌却非常具有市场价值。

◆ 今天，这个产业让我们给世界带来了新的色彩与创意。但是，为了实现我们更加远大的目标和计划，我们只能集中全部心力在单一方向上。这才能更加有效、快捷。

◆ 一直以来，我认为广告都极其重要，其重要性仅次于技术。

◆ 让所有的人都能够使用电脑，这是我的长远理想。对我而言，通过广告向公众宣传这些电脑极其重要。我的梦想就是世界上的每一个人都拥有自己的苹果电脑。为了这一个梦想，我们一定要成为一家伟大的公司。

◆ 你想一辈子卖糖水，还是想改变世界？

◆ 人要么是天才，要么是笨蛋。我最喜欢的钢笔是日本百乐PILOT 钢笔，其他所有的钢笔都是垃圾。正是如此，我认为除了麦金塔小组的成员，这个行业其他人都是笨蛋！

◆ 苹果公司如果想要继续生存下去，并且不断壮大，我们就一定要砍掉更多的项目；我们要聚焦关键之处，做我们最擅长的事。

◆ 失败者与成功者在能力、技术和智慧上的差别很大，但如果两个人各方面都差不多，更多如愿以偿的机会首先会给充满热忱的人。热忱是胜利的秘诀。

◆ 不要问消费者想要什么，一个企业的目标就是去创造那些消费者需要但无法形容和表达的需求。

◆ 事情的胜败得失，我不是很在乎，我在乎的是我喜欢这份工作，乐于从事这项事业。如果努力之后，我还是失败了，那我相信自己还会努力的。

◆ 对于从事这个行业很长时间的人们来说，这是件超现实的事。但是，其实这也没有什么大不了。这并不重要，不是让你每天早上来工作的动力，也不是客户买我们的产品的原因。所以，我们应该牢记一点：记住我们所做的事情和做这件事的原因。

◆ 如果作出聪明选择，你可以为自己节省很多的工作量，不用什么都做。你也可以把精力放在创造新兴技术上，让它们在你的平台上有卓越表现。而不因为所展现的平台太狭窄，使技术的成果仅仅是还可以。

◆ 不同的人有不同的选择。如果市场告诉我们选择错了，我们就要听从市场的。我们只是公司的运营人。我们尝试为人们做出最棒的产品。所以我们有勇气和信念来决定是否使用某一项技术。

◆ 我从来没有想跟微软打一场平台战，可能这是我们失败的原因吧！我们只是想尽可能地为人们打造出最好的电脑。这是我们一直尝试做的。

◆ 我们想创造比他们更好的产品。我们确实是这样做的。这就是我们现在的立场。我们在乎的是创造更好的产品，消费市场最令我喜欢的也就是企业市场最令我恨之入骨的，就是我们推出一个产品，告诉所有人，让他们自己投票。他们投"好"或是"差"。

◆ 佛教中有一句话：初学者的心态。拥有初学者的心态是件了不起的事情。

◆ 使用人类的已有经验和知识来进行发明创造是一件很了不起的事情。并不是每个人都需要种植自己的粮食，也不是每个人都需要做自己穿的衣服，我们说着别人发明的语言，使用着别人发明的数字……我们一直在使用别人的成果。

◆ 我愿意把我所有的东西去换和苏格拉底相处一个下午。

◆ 成为卓越的代名词，很多人并不一定完全适合需要杰出素质的环境。

◆ 我们认为，看电视的时候，人的大脑基本停止工作，打开电脑的时候，大脑才开始运转。

◆ 求知若渴，虚怀若谷。

◆ 当我是百万富翁的时候是 23 岁，当我是千万富翁的时候是 24 岁，当我是亿万富翁的时候是 25 岁。但这一切都无关紧要了，因为我做这个事情，不是为了钱，而是为了乐趣。

◆ 我是我所知唯一一个在一年中失去 2.5 亿美元的人……这对我的成长很有帮助。

◆ 我拥有世上最好的工作之一。我非常幸运。我感谢我们所有的顾客、雇员让我能做我现在所做的。我每天早上来工作，身边满是我一生中见过的最聪明绝顶、最愿意奉献的人们。我们一起在最好的环境中工作，并且为人们创造最好的产品。

◆ 我们来到世间，就是为了给宇宙留下永恒的印记。

◆ 我几乎把四分之一的时间用于网罗人才。过去的时候，我认为一个出色的人才可以顶得上两名平庸员工的价值，但是现在我认为能顶 50 名。

◆ 每一个人的时间有限，所以你不要为别人活着。不要让自己内心被别人的意见左右，不要活在他人的观念里，更不要被平庸的教条限制。最重要的是，坚定地寻找和倾听自己心灵发出的声音，那才是你的真实想法。要相信你的直觉和心灵，除此之外，其他的一切都是次要的。

◆ 设计是一个有趣的词。要完美地设计某个东西，你就必须先熟悉它，真正地了解它。这需要投入很大的热情，需要反复地咀嚼回味，而不只是囫囵吞枣。但事实上，大多数人都没有花这样的时间。

◆ 我的秘诀就是聚焦和简单。简单比复杂更难，你的想法必须努力变得清晰、简洁，让它变得简单。因为一旦你做到了简单，你就能移动整座大山。

◆ 创新就是把各种事物整合到一起。当你问有创意的人是怎么创新的，他们或许会有点尴尬。因为他们只是看到了一些联系，然后总能看出各种事物之间的联系，再整合形成新的东西。这就是创新。

◆ 如果你坚持向前探索，像剥洋葱一样层层拨开笼罩在问题上的迷雾，你就会找到一些非常完美且易行的解决方案。

◆ 到最后，我们都不想放手。因为我们感觉到它一旦从我们的手中溜走，就再也不会是我们的了。所以，我们对于我们所做的事情充满了激情。

◆ 每隔一段时间，总会有一款革命性的产品横空出世，改变一切。如果你能够用到这样一款产品，那你就是非常幸运的。苹果已经向世界推出了几款这样的产品，苹果公司也是非常幸运的。

◆ 拥有多少研发资金与你创新无关。当苹果还在研制 Mac 电脑的时候，IBM 公司已投入的研发资金是我们的百倍。它取决于你拥有的人才，你的领导方式以及你的熟悉程度，而不是钱的问题。

◆ 互联网创业不在于有多少人开始创办公司，而在于有多少人能坚持到底。创业过程中充满了绝望和苦恼，尤其当你在不得不解雇员工、改变计划和应付艰难局面的时候。但是，这也恰恰是你展现自己、发现自己价值的时候。

◆ 没有经验，你就永远不可能知道经验的价值，或者永远不可能知道如何正确地保有经验所创造的财富。

◆ 系统就是没有系统。但这并不是在说苹果公司没有自己的工作流程。苹果是一家严谨、规范的公司，拥有非常详尽的工作流程。但是，这不是问题的重点。要知道，工作流程只是为了提高工作的效率。

◆ 创新来自某个人临时召集的六人会议，或是在晚间 10：30 的问候电话，或是来自于人们在走廊上的随意交流，或是他们意识到的自己思维方式上的漏洞。

◆ 我们总是在思考如何才能开拓新的市场，但是只有先学会拒绝，才能集中精力关注真正重要的事情。我们的创意就是这样，往往来自对 1000 种东西说不，从而确保不会误入迷途或是陷入烦琐事务的泥潭。

◆ 微软没有什么品位是他们唯一的问题。他们是真的没有品位。这不只是从微小的方面来说，即使是从大的方面来说也是如此。他们几乎从不去想如何完美地设计产品，也不会去琢磨设计到底给产品带来多少文化内涵。

◆ 我不会与苹果断绝联系。在我的整个人生中，我希望我能将我的人生轨迹与苹果的轨迹交织在一起，就像致密的地毯一样。虽然中间有几年时间我离开了苹果，但是我最终还会回来。

◆ 创新实际上已经停止。微软主导的这个行业很少有什么创新。台式电脑行业已死，可以说台式电脑市场已进入了黑暗时代，在后面的十年内，它会一直处于黑暗时代。

◆ 台式电脑存在的意义是：第一，你有独立的设备；第二，你需要管理你自己存储的东西。这是世界中有关台式电脑最关键的理念。这一切可能会一去不复返了。在不久的将来，你不必自己管理你存储的东西，甚至不必存储很多东西。

◆ 成为海盗吧，成为海盗比加入海军更有意思。

◆ 有一点真的令人感到沮丧，电视网络就是要给予人们真正想要的东西。阴谋突然变成光亮！这就是真相。

◆ 我对个人充满了乐观的态度。所以在某种意义上,我是一个乐观主义者。我相信人类是高贵的、是值得尊敬的。或者说作为个体,人们本质上是好的。但是,对于群体中的人,我持有一种悲观态度。

◆ 你若是想将未来的点联系在一起,那你只能先将过去的点联系起来。你得相信你的未来和你的过去是联系着的。你必须要相信直觉、命运、生活等这些东西。这个方法从来没有让我失望过,它反而让我的生活发生了奇妙的变化。

◆ 你的工作将会占据你的大部分时间,做你自己认为最了不起的工作是唯一让你真正满意的方法。而做好你最满意的工作的唯一方法就是热爱你所做的事情。因此,继续找你满意的工作,直到找到它,不要气馁。

◆ 记住一点,就是每个人都会死去。这是我遇到的最重要的决策工具,很多重大的人生选择都是在它的帮助下完成的。外部所有的骄傲、期望、对失败或尴尬的恐惧,在死亡面前都会消失殆尽,只留下真正重要的东西。

◆ 你本来就是赤条条来到这个世界上的,你也将赤条条地离开这个世界。永远记住你将会死去,这一点将能帮助你逃离患得患失的陷阱。只要记住这点，你才会明白遵从你内心想法的重要性。

◆ 你如果做某件事情，效果非常好，那你就应该尝试一下其他有意义的事，不要长久地停留在一件事情上，要经常想想下一步应该做什么。

◆ 即使那些梦想上天堂的人，也不会急着上去，没有人想死。然而，死亡是我们所有人的宿命，没有人能够逃脱。

◆ 旧的不去，新的不来。事实上也应该如此。只有清除掉所有陈腐的东西，新生事物才会有自己的地方。但是，不要高兴，即使你现在是新生事物，在不久的将来，你也会慢慢变老，也会被清除掉。

◆ 热爱你所做的事是做伟大工作的最佳方法。如果你还没找到你想要的工作，继续找。不要停下来。只要你全力以赴，那么你一定会找到它。

◆ 我们要不落俗套、推陈出新。我们是一群特立独行的人，绝对不会与传统妥协，完美的目标就是给众人的心灵"当头棒喝"。

◆ 每个人在创新的时候都会犯错。一旦犯错，不要犹豫，你最好赶快承认错误，并投入到完善你的另一个创新当中。

◆ 我的工作，是让人们的生活变得更好，并不是随意地敷衍他们。

◆ 当你认为一件事非常简单并开始着手解决它的时候，其实你并没有真正认识到这个问题有多么复杂。等你真正开始研究这个问题的时候，你就会发现其实它非常复杂。真正杰出的人会继续前进，找出问题的根本，并提出一流的适合各个层面运行的解决方案。

◆ 苹果的员工都极其出色，但更重要的是，他们对于生命有着相同的看法：对生命最好的回馈就是最终的产品成果。每一位参与人员都期盼着产品问世，或者说，产品甚至比他们自己的生命更为重要。

◆ 公司刚刚成立时，一群狂乱且毫无纪律观念的自命不凡之辈由我带领着开始创业。当时，我们可以利用的资源真是少之又少，但我们都有一股激情，一种肯为事业献身的精神。

◆ 我在苹果公司度过了我一生中最值得留恋的十年，我没有后悔过曾经做过的任何事情。在以后的岁月里，我还要继续我的生活。

◆ 有一件非常痛苦的事情，就是发现有些员工并非最优秀的人才而不得不解雇他们，但这就是我的工作。我非常讨厌以仁慈和优柔的方式做这件事情。无论怎么样，这件事一定要做，尽管这让人非常苦恼。

◆ 如果我们能够将 A 级团队投入到每一个项目中，那就不需要使用 B 级或者 C 级团队了。这样的组织结构更加简易明确、更加流畅，就可以更加迅速地完成任务。我的信条就是聚焦与简化。

◆ 当我重返苹果公司的时候，我用股权奖励代替了大部分的现金奖励。所以，苹果公司每个人基本上都有薪水和股票，这是一种非常平等、公正的公司经营方式。这种方法是由惠普公司首创的，但又是在苹果公司确立的。

◆ 让整个团队去设计研发一件产品是件相当困难的事情。因为在大多时候，他们都不知道应该做些什么，直到有个人站出来，告诉他们该怎么做。

◆ 我一直认为，保持我所在组织员工的高水平是我工作中相当重要的一部分，其实，就是为组织慢慢灌输其拥有 A 级参与者的理想状态。所以，在寻求世界上最精英的人才方面，我所做的每一件事都是值得的。

◆ 优秀的酒店厨师与糟糕的酒店厨师之间没有多大的区别，优秀的出租车司机与糟糕的出租车司机之间也并没有多大的区别。但是，在电子设计或者编写程序方面，糟糕与优秀之间的区别就非常大。优秀的设计师要比拙劣的设计师好上 100 倍甚至 200 倍。

◆ 公司如果能拥有才华出众的员工，便能拥有一种竞争优势，这一优势可以使公司超越其他竞争对手。但这又是非常难的，如果能够充分地利用头脑的话，则会变得非常容易。

◆ 我在聘用或寻找人才的时候，能力就是赌注。我找的人必须真的聪明。如果他们能够真的喜欢上苹果公司，那其他所有的事情都会迎刃而解。真正聪明的人不会做有利于他们自己、有利于乔布斯或者其他什么人的事，而是希望做对苹果公司最有利的事。

◆ 我参与过五千多人的招聘，从中发现人才绝对是件难事，有时候就像大海捞针。我对这件事的态度非常认真。短暂的面试不可能了解到足够多的信息。因此，最终还是取决于你的直觉。

◆ 我的工作就是把手下的这些牛人们召集起来，而不是对人表现得和蔼可亲。我要不停地督促他们，让他们做得精益求精、好上加好。对付这些人最管用的招数，就是采取更为极端的手段和思路。

◆ 人生苦短，你总有一天会离开人世，一个人没有机会去做那么多事，所以每个人都应该极其优秀才行。因为这就是我们的生活。

◆ 世界上总有一些事情无法解释，就像一个人的身世。我就曾探究过自己的身世。但我相信一个人的价值观和人生观的形成是受后天环境影响的。

◆ 我看不出读大学的价值到底在哪里，也不知道念大学能对我有什么帮助，而且父母为了让我读大学，花光了毕生的积蓄，所以我决定休学，相信车到山前必有路。现在回头看看，这个决定是我这辈子作出的最好决定之一。

◆ 苹果公司大概有 2.5 万名员工，在专卖店工作的大约就有 1 万人。而我的工作是与 100 位高层人员合作，他们有些是副总裁，有些只是关键的单个研究员。而这就是我的工作。

◆ 当出现一个好点子的时候，我的工作任务就是把大家的注意力都集中到这个点子上，从而了解其他不同人的想法，让大家展开讨论，挖掘他们的想法，让他们进行思想交流。

◆ 我认为每个人都想尝试着涉足该领域，但是进入的门槛却相当高，第一道障碍就是创意；第二道障碍则是技术；第三道障碍是创意与技术的结合，我们整整花了十年时间，才让两者完美结合。

◆ 在我看来，创新在这个生意圈里的速度很不幸地变慢了，甚至停止了。在这个产业里硕果仅存的一家就是苹果电脑，它一手包办了硬件、软件开发，建立营销渠道等全过程。其实，就我看来，这才是苹果电脑的王牌秘诀。

◆ 让人们不再使用盗版音乐很难，这不仅仅需要"大棒"，你还得能给他们提供一根"胡萝卜"，而这根"胡萝卜"就是我们将提供更好的体验。苹果公司做到了。

◆ 我们能否生产出真正能够激发我们兴趣的产品，对苹果公司而言，这才是成功的关键所在。

◆ 优秀的艺术家临摹他人的作品，而更优秀的艺术家则是"盗窃"他人的作品。所以，我们从不以"盗窃"他人的伟大作品为耻！

◆ 各种活动越来越依赖科技，这是我们所处的时代的现状。苹果公司的核心优势就是给平凡的人感受到高超科技的机会，让他们感到惊喜，而且让他们能很快就学会如何使用这些高科技产品。

◆ 随着阅历的增加、经验的增长，我越来越相信动机具有非凡的意义。例如惠普公司，他们的首要目标是生产了不起的产品。而我们苹果公司却以制造世界上最优秀的个人计算机为首要目标，而不是成为全球最大或者最富有的上市公司。

◆ 苹果公司有两个目标，一个是多挣点钱，另一个是能够制造最优秀的产品。我们曾经一度偏离了这些目标，公司曾出现的巨大变化也正是这一小小的偏离所导致的。我重返苹果公司的第一件事，就是重新恢复它以前的身份，重新步入正轨。

◆ 明白自己想要的是什么，这是我们首先需要清楚的。而用正确的标准来判断大众是否也想得到他们想要的东西，这才是我们要擅长做的，这才是公司花钱请我们做的工作。这与流行文化无关，与愚弄大众也无关。

◆ 苹果是一家将复杂技术变得简单的公司。我们的目标是站在科技与人性的交会之处。

◆ 我们是一个农业国家，所有的汽车都是卡车，因为这是你在农场上所需要的。现在，我不知道统计数字是什么样的，可能每25辆或者30辆机动车有一辆是卡车，这个数字原来是100%的。PC就像卡车，它们不会消失，还是会有价值，但是它将是在X人中有一个人使用的东西。

◆ 顾客花钱就是让我们尽可能做出最好的产品，如果我们成功了，他们就会买我们的产品；如果没有成功，他们就不买。这就可以顺利运营了。其实，就是这么简单。

◆ 对于企业市场来说就不是那么简单了。使用产品的人们不是自己作的决定，而作出决定的人有时是糊涂的。所以我们愿意为人们做出最好的产品，让他们用钱包投票告诉我们他们的感受，看看我们是否走上正轨。

乔布斯小传

　　1955年2月24日，史蒂夫·乔布斯出生在美国旧金山。谁都知道，是他一手缔造了苹果世界，演绎了神一样的非凡人生。

　　乔布斯刚刚出生，就被当时在美国旧金山一家餐馆打工的父亲与在"潇洒派"酒吧做管理员的母亲遗弃了。他的母亲辛普森是一位未婚先孕的硕士研究生，她希望自己的孩子能接受良好的教育，能够健康快乐地成长。所以，她寻找收养家庭的一个要求，就是养父养母必须要具有大学学历。但是原本打算收养乔布斯的律师夫妇突然改变了主意，放弃了收养乔布斯。

　　幸运的是，一对好心的夫妻收留了他。十几年来，这对夫妻一直都想收养一个孩子，但是这个愿望始终都没有实现。这对夫妇一听到有这样一个机会，非常高兴，也很乐意把乔布斯接到自己的家中，并答应乔布斯的生母，一定会像抚养自己的亲生儿子一样照顾乔布斯。可是，他们只是加州的蓝领工人，是一个普通的美国家庭。他们俩都没有读过大学，没有什么文化，乔布斯的养父甚至连高中都没有上过。这和乔布斯生母当初的想法相差太远，所以，她在之后的几个月里，一直拒绝在领养书上签字。经过多次沟通之后，这对夫妇对乔布斯的喜爱打动了乔布斯的母亲，并且他们还保证，一定会让孩子接受最好的教育，尽力供他上大学。

1955 年，乔布斯生母将乔布斯送予养父母保罗·乔布斯（Paul Jobs）和克拉拉（Clara）领养。乔布斯的新家位于加利福尼亚州芒廷维尤，这里是美国硅谷的发源地。当时很多电子工程师，包括惠普公司的工程师都住到了乔布斯所在的街区。所以，长大后的乔布斯会说，自己的偶像是惠普联合创始人戴维·帕卡德。而"硅谷"的电子发展和文化也多多少少影响了少年时期的乔布斯。

虽然乔布斯是养子，但养父母却对他很好。在很小的时候，乔布斯就展现出了与普通小孩不同的一面。学生时代的乔布斯顽皮、聪明、肆无忌惮，常常和老师"唱反调"，语出惊人，也常常喜欢别出心裁地搞出一些令人啼笑皆非的恶作剧。不过，他的学习成绩倒是十分出众。

乔布斯 10 岁的时候，就对电子产品产生了浓厚的兴趣。他会缠着那些"邻居"——电子公司的工程师，问一些和自己年龄不相符的高深问题。有时候，他为了弄清电子产品的结构原理，还拆卸和重组一些小型的电子产品。

11 岁的乔布斯，对电子产品已经到了痴迷的状态，经常去外面收集一些从"硅谷"丢出来的废弃电子品。也是这一年，乔布斯因为不想在芒廷维尤上中学，就竭力说服养父搬到了同样位于加利福尼亚州的帕洛阿尔斯市。1968 年，乔布斯进入霍姆斯特德中学学习。或许是少年时期的"倔强",乔布斯和班里的同学玩不到一块儿去。

在1969年,14岁的乔布斯在惠普公司做起了暑期短工。在惠普公司,一些工程师看他对电子产品如此痴迷,还经常给他讲解电子方面的知识。一个惠普的工程师还推荐他参加惠普公司的"发现者俱乐部"。这个俱乐部每星期二晚上在公司的餐厅中举行聚会。也就是在一次聚会中,小乔布斯第一次见到了电脑。这件对于别的孩子来说并不算是了不起的事,对乔布斯来说,却有着非凡意义。

乔布斯后来回忆说:"经过那次聚会,我更加清楚地认识到,对我来说,这些东西已经不再神秘,它们不再是一些不可思议的东西,而是人类创造力的结果。"

在乔布斯高中时,他知道了自己的身世。虽然乔布斯的养父母家境拮据,但他们对乔布斯很好,一直信守着当年的承诺。1972年,17岁的乔布斯考上了俄勒冈州波特兰的里德学院。那是一所非常昂贵的大学。乔布斯后来在斯坦福大学的演讲中也回忆到了此事:"在17岁那年,我如愿以偿地上了大学。但是我很无知地选择了一个几乎和斯坦福大学一样昂贵的学校,我的学费似乎花尽了我还处于蓝领阶层的父母几乎所有的积蓄。"

在里德学院学习的那段时间,乔布斯开始学习和探索东方宗教,他对佛教尤其感兴趣,由此读了大量关于宗教和哲学的书籍。他后来提倡"冥想",并说自己是一个名副其实的"佛教徒",

这种思想大概就是从这个时候开始扎根的。这样的一种经历，对乔布斯后来在苹果公司的工作方式有所影响。这种简单而孤独的生活方式养成了他孤僻的性格，所以他一直都没有很知心的朋友。

在里德学院的那段时间，乔布斯过得并没有想象的那样如意。他也一直努力学习，争取好的成绩，但是结果总是不那么理想。高额的学费也让这个蓝领家庭的孩子不堪重负。19 岁那年，乔布斯决定休学，而他的大学生涯才刚刚开始一个学期。从 20 世纪 80 年代开始，比尔·盖茨和史蒂夫·乔布斯就成为了高科技行业中最具有煽动性和鼓动性的两个名字。他们都是中间辍学，开始创业，还都是从事电子新兴行业，最重要的是他们都取得了别人难以取得的成就。

1976 年，乔布斯在一次同学聚会上遇见了沃兹尼亚克。沃兹尼亚克是学校电子俱乐部的会长，对电子有着很深的造诣。他们两人一见如故，很快就成为了好朋友。乔布斯对沃兹尼亚克的设计能力非常佩服。有一次，他回忆说："沃兹尼亚克在电子学方面是我遇见的第一个比我水平高的人。"

史蒂夫·沃兹尼亚克和史蒂夫·乔布斯是两个非常相似的人，也可以说是两个志同道合的人。尽管他们年龄上相差 5 岁，但对电子学的痴迷弥补了这种差距。他们都很孤僻，有点不合群，却都专心于自己喜欢的东西。可以说没有沃兹尼亚克，就没有苹果计算机的发明，乔布斯也不可能那么容易就登上事业的第一个山峰。

沃兹尼亚克是一个电子科学领域的天才。他 10 岁时候就自己设计并组装了一台晶体管收音机。11 岁的时候，他又自己组装了无线电台和计算器。13 岁的时候，他设计出一台电子游戏机。当乔布斯了解了沃兹尼亚克设计出的机械装置后，内心第一次激起了有所作为的决心。

休学后的乔布斯成为雅达利电视游戏机公司的一名普通职员。雅达利公司是早期的游戏公司之一，富有朝气，发展速度很快。该公司当时的首席工程师是阿尔·奥尔康。有一天，阿达利公司的人事主管告诉奥尔康："面试那边来了一个非常奇怪的家伙，他说除非雇用他，否则他不会离开。我们要么雇用他，要么就让警察来。"奥尔康回答说："那让我看看他吧！"

就这样，乔布斯找到了他的第一份正式工作。但是，史蒂夫只是在阿达利公司做一些小事情。应该是受到了大学那段时期的影响，乔布斯对佛教的向往仍然很强烈。有一天，乔布斯突然找到公司的老板说："我要到印度见识一下那里的宗教圣人。"当时，阿达利公司在德国的游戏市场正好出了点问题，所以公司决定让乔布斯顺便解决一下那边的问题，然后再满足他去东方的愿望。

就这样，乔布斯向印度进发了。但他还是用了两个小时的时间顺便解决了公司在德国的问题。在印度，乔布斯可以说吃尽苦头。他接触到了很多的人和事，看到了之前不曾看到的世界。这让他增长了不少见识，也为后来的崛起集聚了经验。当时的印度和美国没有可比性，美国的硅谷象征着世界高科技产业的兴起，而印度却仍然徘徊在贫穷的边缘。乔布斯第一次见到那么多的穷人，并且也亲身经历着印度的贫穷。这次修行之旅，乔布斯亲眼目睹了当地穷人面对命运的无能为力，这使乔布斯的思想受到了前所未有的冲击和挑战。

两年后，从印度回来的乔布斯完全变了一个人。他整天穿着佛教徒的袍子，还剃光了原来嬉皮士式的长发。这样的一个形象，在美国人的眼里，可以说是一个十足的"疯子"！但是，经历了身心的深层历练，乔布斯丢掉了过去那些不良习气，而他对电脑的痴迷却一直在与日俱增。

相对安定下来之后，乔布斯继续着自己年少时的兴趣。他还常常与沃兹尼亚克一道，在自家的小车库里琢磨电脑。他们两个人梦想着能够拥有一台个人计算机。可面对市面上的那些体积庞大、极其昂贵的商用电脑，他们显得无能为力。也许是出于这样的考虑，他们意识到了个人电脑在未来将会发挥的重要作用和巨大的市场空间。于是，他们决定自己开发。

按照当时他们俩的条件，开发个人电脑的难度简直不可想象。但是，两个人没有灰心，而是竭尽全力地寻找突破口。当时，制造个人电脑必需的是微处理器，可当时的 8080 芯片零售价要 270 美元，让他们望而却步。但是，经过长时间的寻找，他们终于等到了机会。1976 年，在旧金山威斯康星计算机产品展销会上，乔布斯两人买到了摩托罗拉公司出品的 6502 芯片，这种芯片与英特尔公司的 8080 芯片的性能相差无几，而价格却只要 20 美元。

拿到芯片的他们，欣喜若狂，好像距离成功只有一步之遥了。他们带着芯片，回到了乔布斯的车库。经过几个昼夜的研究，沃兹尼亚克终于找到了能让 6502 芯片正常运作的办法。沃兹编写了一个 BASIC 编译程序，并且采用了键盘输入数据，用电视作为输出设备。这样一个天才的想法，不仅大大降低了电脑的成本，也使电脑更加方便，更加具备了"个人"的味道。

1976 年 3 月 1 日，应该说是一个不同以往的日子。因为经过了几个星期的努力，沃兹尼亚克设计的电脑已经完全组装好了，并且将自己设计的计算机在业余计算机用户小组的聚会上首次展示了出来。当看到这台计算机时，包括乔布斯在内，在场的人都被惊呆了。乔布斯立即意识到沃兹设计的计算机具有广阔的利益空间。

乔布斯把自己的想法告诉了沃兹尼亚克，也极力游说他和自己一起，全力开发自己的计算机。虽然乔布斯野心勃勃，对前景很有信心。但是，沃兹尼亚克并不这样想，他在惠普有一个很稳定的工作，每年能从公司的计算器部门领到 2.4 万美元的薪水。这对谁来说，都是一份诱人的差事。另外，沃兹尼亚克还是希望通过惠普公司将自己的发明展示给世界。但是，当时的惠普公司对制造微型计算机并不感兴趣。

经过几天时间的磨合，沃兹尼亚克终究还是被乔布斯创业的激情打动了。随后，乔布斯从阿达利游戏公司辞职，沃兹尼亚克也从惠普公司辞职，两人一起开始了缔造苹果帝国的历程。

刚开始，为筹集批量生产计算机的资金，乔布斯卖掉了自己的大众牌小汽车，沃兹尼亚克也把他心爱的惠普65型计算器卖掉了。就这样，他们有了奠基伟业的1300美元的启动资金。沃兹尼亚克后来回忆说："史蒂夫没有设计一个方案，没有设计一个电路，也没有编写一段代码。但是他销售计算机的念头却从来都不曾放弃过。"

1976年4月1日愚人节这一天，乔布斯、沃兹尼亚克以及乔布斯的朋友罗恩•韦恩做了一件影响整个世界的事情：他们三人签署了一份合同，决定成立一家电脑公司。沃兹尼亚克签了长达十几页的合作书，并把它交给了乔布斯。就这样，21岁的乔布斯与26岁的沃兹尼亚克在自家的车库里成立了苹果公司。

公司成立伊始，三个人都没有想到公司能有今天的成就。他们当时只是希望能建造一个电路板生产线，只要有盈利，不至于亏本就行。苹果公司刚成立时，乔布斯就考虑到了公司徽标的问题。起初，苹果公司采用的是韦恩设计的牛顿靠着苹果树学习的徽标，并且徽标的下面还有一行诗句。乔布斯感觉这个徽标有点复杂，识别度不高，不易被宣传，不易被客户记住。

在苹果公司刚刚起步的时候，"苹果I号"的生意并不是很理想。或者说"苹果I号"还不是很完美，没有得到客户的认可。乔布斯想，如果要占领个人计算机市场，必须要生产出完美的东西。追求完美，一直是乔布斯创新的核心理念。他把自己的想法告诉了沃兹尼亚克，而沃兹尼亚克也认同这一看法。经过一段时间的努力，沃兹尼亚克在"苹果 I 号"的基础上改造出了新一代个人计算机，称作"苹果 II 号"。

乔布斯在沃兹努力改进计算机时，也没有闲着，而是四处奔走，寻找可以为苹果电脑设计理想徽标的能人。他在英特尔公司的宣传广告中受到了启发，找到了为英特尔设计广告的麦金纳公司。麦金纳公司当时已经名声鹊起，根本没有听说过苹果公司，所以安排给乔布斯设计徽标的人并不愿意和乔布斯合作。但是乔布斯没有放弃，还是非常"固执"地找到了麦金纳公司负责新客户业务的伯利。

伯利简直快被乔布斯的电话弄疯了，所以就决定亲眼去看看这位被称为"疯子"的人。伯利到了乔布斯的车库，和乔布斯进行了短短三分钟的交谈，他就被乔布斯深深地吸引了。伯利给予乔布斯极高的评价："一看到乔布斯，我就觉得他是一个相当聪明的小伙子，虽然我与他交谈了仅仅三分钟时间。还有一点就是，他所说的苹果 II 深深打动了我，我相信苹果 II 就是个人计算机史上的一种革命。"

对大多数创业公司来说，最开始的那段应该是最艰难的，尤其是资金方面的挑战。苹果公司当然也不例外。但是，沃兹尼亚克一心只顾着研究技术上的问题，其他方面的问题并没有考虑在内。而这些问题就都压在了乔布斯的身上。乔布斯来回奔走，寻找资金。有一段时间，苦于没有资金，乔布斯还产生过把公司卖掉的想法。

机遇往往垂青有准备的人。一个偶然的机遇给苹果公司带来了转机。

1976 年 7 月，一个人来到了乔布斯的车库，他就是零售商保罗·特雷尔。当他看完乔布斯展示的电脑后，他决意冒一次风险，给苹果一次机会。或者说是特雷尔看到了苹果机背后的巨大市场潜力。他一下子订购了 50 台整机，每台 500 美元，但要求交货时间要在一个月内。乔布斯也似乎看到了希望，喜出望外，马上签约，立即成交，这可是公司做成的第一笔"大生意"。

后来，沃兹尼亚克也回忆说："那是我们公司成长历史上第一次重大事件，在以后的发展中，诸如此类非常重大、如此出人意料的事件就没有再出现过。"

乔布斯拍板签订了合同，接下来，繁重的工作量就摆在了大家的面前。一个月内 50 台电脑，在那个还没有流水线作业的年代，任何人都不敢小觑这样的工作量。但是，为了公司的生存，乔布斯和沃兹尼亚克豁出去了。他们冒着酷暑，不分昼夜地干了起来。他们每周工作 66 小时，几乎每天都是挥汗如雨、全力以赴。在第 29 天的时候，他们终于奇迹般地完成了几乎不可能完成的任务，把 50 台苹果电脑交给了特雷尔。

特雷尔手里的 50 台苹果电脑很快销售一空，并且苹果电脑的独特性和良好性能赢得了市场的认可，也使公司名声大震。有了一个良好的开始，苹果公司就开始了小批量生产。

1976 年年底，乔布斯把苹果 II 推向了市场，市场反应很好。

另外，他们还要继续扩建自己的公司，必须网罗精英人士加盟他们的公司。但这都需要更多的资金。乔布斯和沃兹开始意识到，他们的第一桶金根本不足以应对公司这样急速的发展。

"大概在 1976 年秋天，市场的增长比我们想象的还要快，外围的压力也越来越大，我们需要更多的钱。"乔布斯后来回忆道。为了找到资金，乔布斯他们兵分几路，四处寻找。他们找了各自的老东家，但遗憾的是，这些公司都没看到这其中潜藏的巨大商机。

正在乔布斯焦头烂额的时候，为苹果公司设计徽标的麦金纳建议乔布斯去拜访一下他们的董事唐·瓦伦丁。说来正好有点缘分，这个人也是阿达利游戏公司的投资人。于是，乔布斯打电话给唐，请他到苹果电脑公司实地考察一下。当瓦伦丁开着他的奔驰汽车来到苹果公司的时候，他一方面惊叹苹果 II 的完美，一方面也提出乔布斯他们没有明确的市场观念。瓦伦丁没有答应乔布斯的建议，为苹果公司做风险投资。但是，他还是为乔布斯推荐了一个人。这个人在苹果公司以后的发展上起到了举足轻重的作用。

这个人就是麦克·马库拉，一位 34 岁的百万富翁。马库拉是南加州大学电气工程硕士，曾在美国休斯公司担任技术顾问。在英特尔还是一家小公司的时候，马库拉就很有眼光地投资了英特尔。后来，马库拉因英特尔成功上市而一夜暴富。当乔布斯给马库拉打电话的时候，马库拉正在湖边的大房子里享受着悠闲的生活。

1976年10月里的一天,接到乔布斯的电话后,马库拉还是亲自拜访了沃兹尼亚克和他们的车库工场。在他看过苹果公司生产的苹果II的演示后,他决心重操旧业,帮助他们把公司发展壮大起来。几乎是同时,他还帮助苹果公司制订了一份大胆的商业计划。

马库拉给乔布斯他们贷款69万美元,还把自己的10万美元都投在了苹果公司。因为马库拉知道,微型处理器可能会给全世界的计算机带来革命性的变化。就这样,马库拉将自己与两个年轻人的命运联系在一起。

1977年1月3日,他们三人正式成立苹果电脑股份公司。他们还对公司作了资产评估,以避免日后可能在产权上产生的任何法律纠纷。此外,他们对各自的职位进行了分配,乔布斯担任董事长,沃兹尼亚克担任负责研发的副总裁,马库拉则出任副董事长。有了马库拉的加入和指导,以及这次融资来的巨资,苹果公司的发展速度大大加快了。

1977年4月,在美国西海岸发生了一件意义非凡的事情,就是美国有史以来第一次计算机展览会的开幕。乔布斯四处奔走,花费巨资,就为了能在展览会上弄到最大最好的摊位,打出苹果公司的名声。当人们看到苹果II样机的时候,都充满了欣喜,难以想象计算机能做到这样精美的程度。苹果II只有12磅重,仅用10只螺钉组装,塑胶外壳美观大方、小巧玲珑,一改过去个人电脑设计复杂、粗笨沉重、难以操作的形象,这一系列鲜明的特点,紧紧抓住了观众的心。可想而知，苹果Ⅱ在展览会上一鸣惊人，好多观众纷纷拥向展台，观看、试用，随之而来的订单量也急剧增加。

展览会之后，在数月之间，苹果Ⅱ电脑就收到了300份订单，这一数量是苹果Ⅰ销售量的三倍。可以说，苹果公司已经步入正轨，拥有了自己的发展模式。尽管如此，仍然有一些事情困扰着乔布斯。

乔布斯是苹果公司的创始人，也是苹果公司的董事长，是名副其实的"大当家"。但在别人看来，他在技术研发上没有任何贡献，在技术层面，他在公司的地位多少有些尴尬。员工普遍认为乔布斯在为马库拉工作。布鲁斯是苹果公司早期的软件开发专家，他曾描述道："没有人了解乔布斯整天在做什么，而马库拉从来不让乔布斯拥有任何权力。他只是偶尔出现在公司，而他唯一做的事情就是向员工发表言辞激烈的不满演讲。"

虽然乔布斯承受着"没有技术"的压力，但是他一直试图改变这种现状。这段时间，乔布斯内心的苦闷和性格上的不服输，让他和周围同事的关系陷入了低谷。有一次，乔布斯自己也说："就作为工程师而言，沃兹尼亚克远比我优秀。尤其在设计方面，我没有沃兹尼亚克优秀。"

1978年5月17日，乔布斯的女友克里斯安·布伦南（Chrisann Brennan）为他生下一个女儿。他们给她取名为丽莎。乔布斯开始不知道为什么，一直不承认丽莎是他的亲生女儿，但后来还是承认了自己与丽莎的父女关系。2000 年，丽莎从哈佛大学毕业，成为一名杂志专栏作家。

到 1978 年的时候，乔布斯领导下的苹果公司已经成长为一家拥有 60 名员工的计算机公司了。他们对前景充满了期望。随着公司的发展，他们认为苹果 II 的市场已经基本达到饱和的状态，所以，他们意识到，开发新一代计算机的时候已经到了。

当然，这样的任务还是落到了沃兹尼亚克的身上。乔布斯为了抚平心中的挫败感，也提出了要负责研发超级电脑"丽莎"的构想。但是，由于成本太高、难度太大，以及公司内部安排的缘故，乔布斯的这个梦想被迫流产了。

到了 1980 年的时候，苹果公司的员工已经达到了两百多人，后来逐渐增加到了六百多人，再后来就是一千多人。苹果公司的工厂也从老本营加利福尼亚州拓展到得克萨斯州，到后来，它的工厂还拓展到了爱尔兰和新加坡。

1980 年对苹果公司来说非常重要。一是苹果公司内部的组织机构突然发生了重大变化，二是公司成功上市了。由于公司的发展壮大，以前的机构设置不再适应发展的要求，显得缺乏灵活性和系统性。经过一番暗地操作，乔布斯本想自己负责研发的"丽莎"电脑被别人拿走了，却又出人意料地担任了公司的董事会主席职位。对于精力无限的乔布斯，这样的一个职位是难以接受的。

1980 年 12 月 12 日，苹果公司股票顺利公开上市。股票上市当天，在不到一个小时内，460 万的公开股就被抢购一空。苹果公司以每股 22 美元的价格开盘，几分钟之内股票价格上涨了 32%，那天的股票以 29 美元完美收盘。按这个收盘价计算，苹果公司高层产生了 4 名亿万富翁和 40 名以上的百万富翁。乔布斯作为公司的创办人，拥有的财富排名第一。

苹果公司的实力已经今非昔比了。1980 年，在《华尔街日报》的广告版上，登有乔布斯的巨幅照片，还非常醒目地写着：苹果电脑就是人类 21 世纪的自行车。

还有一件事需要略表一下，1980 年 7 月，沃兹尼亚克与苹果公司的员工克拉克坠入爱河，并于当年圣诞节正式订婚。沃兹尼亚克开始放松了苹果 II 的研发。在公司高层的压力下，不堪重负的沃兹尼亚克决定暂时离开公司。1981 年 2 月 7 日下午，他带着克拉克，驾驶着自己的私人飞机外出，但飞机起飞时，不幸冲出跑道，发生了事故。沃兹尼亚克由于受伤严重，不得不暂时离开苹果公司。这件事突然发生，对乔布斯的影响很大。

20 世纪 80 年代早期，苹果公司是美国商业史上成长最快的公司，成为价值数亿美元的上市公司。它推出的苹果 II 已成为世界上最流行的计算机。但是，随着个人计算机市场的不断扩大，苹果公司的竞争对手也是越来越多，其中 IBM 公司是最具威胁的一家公司。1981 年 11 月，IBM 公司通过 IBM PC 进入个人计算机市场，并迅速占领了市场。

同 IBM 这样一家"蓝色巨人"公司竞争，乔布斯也感到很紧张。一次谈话中，他说道："我们马上就要和 IBM 公司展开竞争了，如果我们在竞争中出现了重大失误，让 IBM 公司赢了，占得了先机，我们就会很被动，在以后 20 年里就会处于计算机世界的'黑暗时代'。"

1984 年 1 月 24 日，在戴安扎学院弗林特中心举行的苹果公司股东大会上，乔布斯首次展示了经过长达 3 年研发、耗资 7800 万美元的"麦金塔"计算机。这款计算机是在乔布斯的领导下诞生的，也是乔布斯为了证明自己的"技术"开发的一款新型计算机。所以"麦金塔"计算机也被称为"乔布斯之子"。

在研制开发"麦金塔"计算机的时候，乔布斯激情无限、语出惊人。有一次，乔布斯为了鼓舞员工的士气，在黑板上写下了一句他的经典名言："让我们当海盗吧！"接下来，为了激发研究人员的斗志，他又写了一句极具煽动性的口号："首先爱上你的工作，坚持下去，每个星期工作 90 个小时吧！"

但是，苹果公司在后来的发展中，失去了原来的优势，没有哪款产品能超越苹果 II 创造的市场轰动。苹果公司的发展巅峰似乎已经过去。1985 年，乔布斯获得了由里根总统授予的国家级技术勋章。然而，对于 30 岁的亿万富翁来说，成功如果来得太快，并不是一件真正的好事。而经受了磨难之后的成功，才会成为永久的辉煌。

后面的一年里，苹果公司的发展遇到了传说中的"瓶颈"，而乔布斯在自己一手创建的公司里的地位也逐渐受到了威胁。加上外部"蓝色巨人"IBM 公司也开始觉醒，大力推出了他们的个人电脑，迅速抢占大片市场，再由于乔布斯经营理念与当时大多数管理人员的差异，使得乔布斯新开发出的电脑节节败退。似乎被誉为"乔布斯之子"的"麦金塔"计算机并没有拯救乔布斯，反而给他增加了更大的压力。经过一连串的溃败后，公司的董事和总经理们便把这一失败归罪于身为董事长的乔布斯。

1985 年 4 月，经由董事会决议撤销了乔布斯的经营权力，只让他当一名"新产品构想者"。这是乔布斯不能接受的，他几次努力，想重新夺回权力，但都以失败告终。

召开董事会的那天，面对众多董事和管理层的指责，乔布斯一声没吭，只是默默地听着。这样的行为实在不符合乔布斯一贯的做事风格。1985 年 5 月 28 日星期二的晚上，乔布斯给比尔·坎贝尔和麦克·默里打电话，泪流满面地告诉了他们发生的一切。默里是苹果公司的前市场主管。乔布斯用那种毫无生气的声音跟他说："约翰联合董事会投票把我赶出了苹果公司，一切都完了。"

1985 年 9 月 17 日，乔布斯辞去苹果公司董事长的职务，愤而离开了自己一手建立的公司。交完辞呈以后，乔布斯在自己家里召开了一个新闻发布会。他发表声明说，他要破釜沉舟，断绝与苹果公司的一切关系。这次被迫离开，使乔布斯必须接受残酷的诚信考验，吸取教训，也为今后重新回归并拯救苹果做好准备。

辞职几天后，乔布斯带领从苹果公司挖来的、对他忠心耿耿的几个人又创办了 NeXT 电脑公司，继续着他的事业。应该说，乔布斯开始了一段新征程。

　　"NeXT"电脑公司成立后，乔布斯为了证明自己的能力，也为了让老东家苹果公司看看，他才是电脑领域里的领军人物，四处奔走，寻找资金。不仅让最棒的设计机构给公司设计徽标，还找到了IBM公司，希望寻求合作。另一方面，他也在网罗电脑领域最顶尖的精英开发新的计算机。经过一番奋斗，到了20世纪80年代末期，NeXT公司的电脑市场已经有所起色，前景显得也很美好。但是，这样的成绩，并不能让乔布斯满足，因为这样的成绩还不能和当年的辉煌相比。

　　1986年，乔布斯决定进军好莱坞。他用1000万美元从乔治·鲁卡斯手中收购了卢卡斯影业旗下的电脑动画效果工作室，并成立独立公司皮克斯动画工作室。这个收购方案证明了乔布斯的眼光和魄力。因为在之后十年，该公司成为了家喻户晓的3D电脑动画公司，并在1995年推出全球首部全3D立体动画电影《玩具总动员》。2006年，该公司被迪斯尼收购，乔布斯也因此成为迪斯尼的最大股东。

　　1991年3月18日，乔布斯结束了他的单身生活。乔布斯在哈佛大学认识了他的妻子劳伦。两个人同为素食主义者，可谓是一见如故。乔布斯与劳伦的婚礼在约塞米蒂国家公园里举行。或许是出于经济状况，也可能是妻子劳伦的想法，他们的婚礼并没有人们想象的那样盛大。乔布斯和劳伦几乎没有邀请任何人，婚礼只有双方的亲人参加，举行得也相当简单。因为乔布斯一直信仰佛教，所以他们的婚礼由佛教僧人主持，奏响的也不是婚礼进行曲，而是佛寺特有的锣声。就这样，36岁的乔布斯娶了27岁的劳伦。

接下来的几年，乔布斯的事业都不是很理想，或者说都没有达到他想要的成就。NeXT公司开发的几款计算机都没有达到预想的效果。1992年，NeXT公司也只销售出去了两万台电脑。对NeXT电脑公司来说，这点销售业绩实在有点可怜。而当时的苹果电脑的销售量一直比NeXT公司高很多。但是，乔布斯在好莱坞动画电影方面的成绩，还是让他不至于太悲观。在乔布斯的商业生涯中，他始终面临着许多条要走的路，始终面对着选择。

1995年，对于乔布斯而言，是比较顺利的一年，无论是在家庭生活方面，还是商业生涯方面。首先，乔布斯的皮克斯公司参与制作的电影《玩具总动员》成为该年度收入最高的电影。乔布斯不用再为资金犯愁了。在这一年的8月19日，劳伦为乔布斯生下了一个女儿。

同时，因为IBM公司的个人计算机使用了高性能的微软视窗软件，全球的个人计算机商业交易都转向了IBM公司的个人电脑。所以，苹果公司仍然落在IBM公司的后面，而且越来越远，似乎已经到了望尘莫及的地步。苹果电脑的产品似乎无法和IBM公司的电脑相比了，就好像一头扎进了一个死胡同。从销售的市场来看，苹果公司已经到了一个难以逆转的绝境！但是，这对于乔布斯来说，或许是一个利好消息。

1996年12月17日，一则消息引起全球各大计算机报刊的注意，它们几乎都在头版刊出了"苹果收购 NeXT，乔布斯回归苹果"的报道。此时的乔布斯，正是春风得意的时候，因为他的公司皮克斯成功制作了第一部电脑动画片《玩具总动员》，名声大震，而乔布斯的身价也随之暴涨，一举超过 10 亿美元。如果乔布斯这个时候能重新回归苹果公司，苹果公司也会十分欢迎。

这个消息传出后，苹果公司和乔布斯就展开了一系列的谈判。在不到一个星期的时间里，苹果公司董事会就同意了以苹果公司150 万股股票，再加上 3.775 亿美元现金并购 NeXT 公司。股票全部归乔布斯，现金用于偿还 NeXT 公司的投资人。苹果公司还任命乔布斯为"特别顾问"。

"让我们以最隆重的仪式欢迎我们最伟大的天才，我们相信，他的归来，会让整个世界都知道苹果电脑才是信息时代中永远的佼佼者。"这是苹果公司前 CEO 阿梅利奥在迎接乔布斯归来时的致辞。对于乔布斯而言，这无疑实现了一个伟大的梦想。他曾向忠实的"苹果迷"说："能重新为苹果设计未来的美好蓝图，我很荣幸，也仍旧会一直坚持下去。"

当乔布斯重新回到苹果公司的时候，他感到苹果公司存在许多问题，对产品设计的误解以及对市场把握的模糊只是外围的问题，而公司内部原来的那种激情也完全熄灭了。乔布斯认为这才是最严重的问题。乔布斯曾说："公司里的员工都失去了热情，并且已经习惯了被人称为失败者，对创新已经麻木了。他们几乎都要放弃了。问题比我想象的要严重。刚开始的几个月相当糟糕，有时我也感到想要放弃了。但是事情的胜败得失，我不是很在乎，我在乎的是我喜欢这份工作，乐于从事这项事业。如果努力之后，我还是失败了，那我相信自己还会努力的。"

乔布斯又回来了，虽然有点像受命于危难之际。几年不见，乔布斯好像对苹果公司的一切并不陌生。1997 年，在阿梅利奥被革职之后，乔布斯以年薪 1 美元出任苹果临时 CEO 兼董事会主席。之后，他果断地发挥了首席执行官的权威，对公司进行了大刀阔斧的改革。他要把苹果公司拉回到正常的"轨道"。他首先改组了董事会，又把原来 NeXT 公司的两位"爱将"安排到非常重要的部门。然后，他又做出一件令人们难以理解的大事，就是与苹果公司的宿敌微软公司握手言和，抛弃旧怨，求同存异，缔结了战略性的全面交叉授权协议。

1997 年，乔布斯再度成为《时代周刊》的封面人物，并被《财富》杂志评为"年度最伟大的商人""最成功的管理者"。乔布斯的名声越来越大了，越来越多的业界人士也认同了此观点。苹果公司前 CEO 斯卡利听到这个消息后，也不禁赞叹乔布斯。而当年，也正是斯卡利把乔布斯挤出了苹果公司。斯卡利说："苹果又开始回到原来的轨道。乔布斯干得非常出色，我相信苹果的复兴不是骗局。"

1998 年 5 月 6 日，苹果公司发布 iMac 一体机电脑。它是一个全新的电脑，代表着一种未来的理念。这款计算机的发布，使得苹果公司的奇迹慢慢开始出现。苹果公司也由此恢复了强劲的发展势头。可以说，主要是 iMac 电脑使苹果公司的情况峰回路转，得到了起色。iMac 一路飙升的销售量使苹果再次复兴，并使其股价飙升了 400％。iMac 这种型号的电脑体积小，颜色亮丽，非常漂亮，并且电脑装配完整，还可以联机上网。iMac 半透明的外装，一扫电脑灰褐色的、千篇一律的单调，让人耳目一新。最主要它价格也不贵，每台只售 1300 美元。可以说，iMac 背负着苹果公司的希望，凝结着员工的汗水，更承载着乔布斯振兴苹果的梦想。

同年，美国《商业周刊》评价 iMac 为"本世纪的一个永恒的形象"。著名时尚杂志《VOGUE》也称 iMac 为"当年春季最时尚的电脑之一"。而乔布斯本人也因 iMac 的设计而荣获克莱斯勒设计学院奖。iMac 更是赢得英国设计与艺术指导俱乐部金奖。

1998 年 1 月，在美国旧金山举行的苹果世界产品展销会上，乔布斯站在台上，又像以前一样饱含激情，还发表了一篇相当长的主题演讲。他主要介绍了苹果公司的发展情况，以及最新推出的产品。就在演讲结束的时候，他又补充了一句："噢，对了，我差点忘了告诉大家，苹果公司又开始赢利了。"当年，苹果公司恢复赢利，并连续四个季度赢利。所以在 2000 年的时候，乔布斯的头衔中去掉了"临时"的字样。

1998 年 12 月，iMac 电脑荣获《时代》杂志"1998 年最佳电脑"称号，并名列"1998 年度全球十大工业设计"第三名。1999 年乔布斯又推出了第二代 iMac，并且有蓝、绿、红、黄、紫五种水果颜色的款式。几种款式一面市就受到用户的热烈追捧，赢得了很好的口碑。

2001 年，苹果公司在乔布斯的领导下，又对电子设备市场发起突袭。他们发布了便携式 MP3 播放器 iPod。这款播放器是对当时电子设备市场的一次革命性颠覆。在 iPod 播放器正式发布的时候，乔布斯别出心裁地给它安上了一个令人向往的"说明"，就是使用这样的播放器的人只有著名的音乐界人士。因此，iPod 一经发布，就受到著名的音乐界人士青睐。这样的"说明"无疑有着强大的宣传作用，也在无形当中提高了 iPod 这款产品的品位。

与此同时，苹果公司还研发了 iBook 电脑。这是 iMac 电脑的升级版，是针对特定用户群体专门开发的。iBook 融合了 iMac 独特的时尚风格，还提供"无线上网服务"，很多人都一直期待拥有一款这样方便的电脑。有了这款电脑，上网就不再局限于办公室里的线路了。苹果公司在技术变革方面带来的影响很大。

1999 年 10 月，iBook 夺得"美国消费类便携电脑"市场第一名，还在《时代》杂志举行的"1999 年度世界之最"评选中，荣获"年度最佳设计奖"。

研发这样的产品，让公司里的每个员工都充满了激情，有幸参与这个项目研发的人员更是热情高涨。乔布斯刚上任时，苹果公司的亏损高达 10 亿美元，差不多一年时间，公司奇迹般地赢利了 3.09 亿美元。乔布斯重新回到苹果公司才几个月的时间，就让公司发生了巨大的变化，尤其是令公司转亏为盈，这让员工们比以前任何时候都更加钦佩乔布斯。可以说，乔布斯更加成熟了，也更加自信了。

iPod 播放器的成功给了苹果公司鼓舞，也是一针"强心剂"。为了寻求更大的突破。乔布斯和他的研发人员一直在研发新版本。2002 年 3 月，iPod 播放器的升级版也出炉了。新版本可以储存 2000 首歌曲，并且也更加漂亮。在这之后，iPod 播放器迅速占领了市场，销售数量猛增。在 2002 年下半年，苹果公司销售出去 14 万台 iPod。据苹果公司 2004 年的统计，iPod 的销售数量已超过 440 万台。乔布斯也把 iPod 播放器誉为"21 世纪的随身听"。

随着苹果公司的复苏，乔布斯却意外获知了一个不好的消息。他被诊断出了胰腺癌。2004 年 8 月 1 日，这天是个不错的周末。乔布斯给他的朋友、同事和员工发了一封电子邮件。具体内容是这样的：

我的朋友们：

我迫不及待地告诉你们一则消息，我希望这则消息是由我亲自告诉你们的。

就在这个周末，医院给我做了一个成功的手术。我的病是一种罕见的叫作胰岛细胞神经内分泌瘤的胰腺癌。我做的手术，就是把我胰脏上的恶性肿瘤切除。这种病的患病概率在医生每年的胰腺癌诊断病例中只有1%，若能诊断及时（我算是比较及时的），就可以通过外科手术切除肿瘤，达到治愈的效果。还有，放射治疗和化学治疗，我已不需要接受了。

在众多的病例中，到目前为止，这种最常见的胰腺癌还不能被完全治愈，而且从确诊开始，患者大概只有一年左右的寿命。我为什么要这么说呢，因为当人们听说"胰腺癌"的时候，大都认为这就是无药可治了。但是，我得的不是这种病，我要感谢上帝了。

大概在9月，我才会重返工作岗位，而整个8月份，我都要好好休养了。我休息的这段时间，我已经要求副总裁迪姆·库克负责苹果公司的日常事务了，因为公司不能"一日无主"。另外，要是在8月份有什么重要事情的话，我会给你们打电话的。9月，我们再见。

史蒂夫

等到9月的时候，乔布斯如期而至。他又出现在苹果公司的会议上，并且好像什么事情都没有发生似的，充满活力，精神很好，根本不像动过一场大手术的患者。

在接下来的几年，在乔布斯的领导下，苹果公司主要的精力都放在iPod系列的革新上。而手术之后的乔布斯似乎逐渐褪去了身上的锋芒。只有在比较重要的场合才能见到这位传说中的"天才"。

乔布斯很注重自己的个人生活，也十分重视保护自己的隐私。近年他在公开场合露面时显得异常消瘦，或许是出于对公司的考虑，他变得越发谨慎。

时间来到了2007年，这一年无论是对乔布斯，还是苹果公司，都是意义重大的一年。在这年的Macworld大会上，乔布斯发布了

iPhone 智能手机，这是全球首款无键盘的智能手机。

乔布斯在一次采访中说，他们用了三年的时间来研发 iPhone。在开发 iPhone 的过程中，苹果公司充分借鉴了来自 Mac 的经验。iPhone 采用了 OS 10 操作系统，融入 iPod 技术。他说，在 iPhone 之前，用户并不喜欢他们自己所用的手机。他们希望打造的这款手机能真正得到用户的喜爱。iPhone 的发布，基本实现了乔布斯当初的想法，就是要让客户喜欢。iPhone 的出现给苹果公司带来了巨大的变化。目前他们已经拥有了 Mac、iPod、iPhone 三项重要业务。这就给苹果公司注入了长久发展的动力。

2008 年 12 月，苹果公司宣布，乔布斯将不会在 2009 年的 Macworld 大会上作主题演讲，也不会出席本次大会。这一消息无疑会让无数人猜测，人们都在担心乔布斯本人的健康问题。

2009 年，乔布斯被《财富》杂志评选为这十年美国最佳 CEO，同年还当选《时代周刊》年度风云人物之一。但是，也就在这一年年初，乔布斯本人声称，他的体重严重下降，看起来非常消瘦，主要是由于激素失衡引起的。但是，他说身体状况不会影响到他履行苹果公司 CEO 的职责。接着仅过了一周之后，苹果公司宣布，乔布斯因仍需要住院治疗，所以直到 6 月他才能重新回到苹果。但是，他们并没有透露详细的病情。苹果公司称，乔布斯仍会参与重大的战略决策，但是，公司的日常工作就由 COO 迪姆·库克主持。

2009 年 6 月，《华尔街日报》上出现了一条关于乔布斯的报道。报道称，乔布斯已经在田纳西州的一家医院接受了肝移植手术，并且这一消息后来得到了医院的证实。经过一段时间的恢复，在 2009 年 6 月 23 日，乔布斯重返公司工作岗位。

2010 年 1 月，苹果公司发布了 iPad 平板电脑。这款平板电脑也是对电子设备的一次革新，发布后立刻引起了市场的轰动，并由此衍生出一系列新型的移动计算设备。

由于苹果公司近几年的飞速发展，到了 2010 年 5 月 26 日，苹果公司已经在乔布斯的带领下登上了纳斯达克的顶峰。在当日纽约股市收市时，苹果公司的市值达到 2220 亿美元，成为美国第二大上市公司，仅次于埃克森美孚。而微软当日市值为 2190 亿美元。乔布斯在与比尔·盖茨比赛了三十多年之后，终于超过了他。

2010 年 6 月 8 日，北京时间凌晨 1 点，苹果公司年度盛会 WWDC 2010 正式开幕。乔布斯在本次大会上正式发布了近来一直引人注目的苹果第四代手机 iPhone 4。其显示屏像素也将由原来的 480×320 升级为 960×640。

2010 年 9 月，乔布斯再次出现在苹果公司的旧金山发布会上，发布了第二代苹果 TV 机顶盒。乔布斯发布的这款设备可将互联网或 iPad 和 iPhone 上的内容直接转到电视上。

苹果公司的境况越来越好，而乔布斯的健康问题却是每况愈下。2011 年 1 月，苹果公司对外宣布，乔布斯将再次接受治疗，暂时休息，并且没有说明多长时间才能回归。这让更多的人开始关注乔布斯的病情，媒体纷纷开始预测乔布斯的情况，而苹果公司的股票价格也因此受到影响，在海外市场下跌了 6%～8%。

2011 年 2 月 18 日晚，美国总统奥巴马宴请 IT 巨头，乔布斯也在被邀请之列。那天晚宴，乔布斯坐在总统奥巴马的身旁，精神还不错。2011 年 3 月，在经历了短暂的治疗之后，乔布斯再次出现在苹果发布 iPad 2 的旧金山展会上。后面的几个月，只有重要的产品发布会上，才会见到乔布斯的身影。乔布斯仍然在坚持着，这时候更多的是为了他一手创建的苹果公司。

2011 年 8 月初，苹果公司市值约 3371 亿美元，超过埃克森美孚的 3333 亿美元，一跃成为全球第一大上市公司，也是全球第一大 IT 公司。这样的成绩让乔布斯感到欣慰，他也好像是完成了自己一生的任务。

在 2011 年 8 月 24 日，苹果 CEO 史蒂夫·乔布斯正式向苹果董事会提交辞职申请。辞职信中，他首先说道："我记得之前说过，我希望如果哪一天我不再履行作为苹果 CEO 的职责，我会是第一个告诉你们的人。不幸的是，这一天还是到来了。"他在辞职信中，推荐由首席营运长库克接替他的职位。但是，他也表示，他愿意担任公司董事长、董事，甚至是一名普通职员。他不愿意离开几乎是他一生都在的地方。谁都知道，他对苹果公司充满了情感。他还说："苹果的未来将更加光明、更具创造力，这我始终相信。我期待苹果未来的成就，也希望自己能为此尽一点绵薄之力。"

整个辞职信中，乔布斯都没有表明辞职的原因，但不难猜想，因为从 2004 年开始，他就一直在与胰腺癌作斗争。2011 年 8 月 25 日，苹果宣布乔布斯的辞职立即生效，由库克接任 CEO。同时苹果宣布任命乔布斯为公司董事会主席。

2011 年 10 月 5 日——史蒂夫·乔布斯辞世，享年 56 岁。

乔布斯的离开引发了世界性的震动，之前还没有哪一个 IT 界人士受到这样的举世关注。他身上有很多"标签"，有"天才"，也有"暴君"，但无论如何他都是硅谷传奇，几经沉浮，而始终屹立不倒。他用近乎完美的消费电子产品，改变了一个时代。正如乔布斯自己说的："我活着，就是为了改变世界。"

苹果公司前 CEO 吉尔·阿梅里奥曾评价乔布斯："乔布斯是镜子里的苹果公司，而苹果公司就是一万个乔布斯的集合体。"乔布斯是苹果公司的一人核心小组：他没有很高的学历，也不是工程师，没有沃兹尼亚克开发软件的天才能力。但是事实上，他总是给人以不断的惊喜。无论是开始还是后来，乔布斯都是一个奇迹，并且这个奇迹还将永远继续进行下去。

乔布斯曾说："每一个人的时间有限，所以你不要为别人活着。不要让自己内心被别人的意见左右，不要活在他人的观念里，更不要被平庸的教条限制。最重要的是，坚定地寻找和倾听自己心灵发出的声音，那才是你的真实想法。要相信你的直觉和心灵，除此之外，其他的一切都是次要的。"

这是乔布斯一生的价值标准，也是他留给世人宝贵的精神财富。

后 记

2011 年，为纪念苹果"教父"乔布斯，我社引进出版了《追随你的心——用苹果撬动世界》一书。该书全面解读了乔布斯的经营理念与管理思想，展示了乔布斯的创新思维和商业智慧，一经面世便引起了广大读者的强烈反响，同时也收到了很多读者的宝贵建议。

本书就是在吸纳这些建议的基础上，对原书内容进行了重新调整和修订。

在此次调整与修订过程中，多方共同努力，重新搜集了一系列乔布斯独家资料，同时细化条理，突出重点，以全新形式整理出版。

本书更加深入地解析乔布斯创业理论，不仅涵盖了乔布斯创建经营苹果公司的成功经验，同时将内容细化为 8 个核心关键，以最清晰直观的方式呈现了乔布斯的创业哲学。在本书中，读者可以体验最真实的领袖魅力、人生理想和处世技巧，获取乔布斯留给我们的最宝贵的精神财富。

鉴于本书在翻译的同时难免会有疏漏与不足之处，敬请广大读者朋友在阅读时提出宝贵意见或建议，不吝批评指正！

Steve Jobs

1955 2月24日出生于旧金山，后被一个美国家庭收养，移居加利福尼亚。

1985 被迫离开苹果，创立 NeXT 软件公司。

1995 成立皮克斯公司。 ToY STORY

2001 iPod诞生，迅速占领 78% 的市场份额。

2004 经历肿瘤移除手术。

2006 迪斯尼以 74 亿美元的价格收购皮克斯公司。

2009 从苹果公司得到的薪水是

1955 - 2011

1976　与史蒂夫·沃兹尼亚克合作，在车库中建立苹果公司，随后发布了苹果一代。

1986　收购了一个小的动画工作室，后发展成为皮克斯公司。

1996　苹果公司通过乔布斯收购 NeXT 公司，几个月后乔布斯再次成为苹果公司 CEO。

1998　第一台 iMac 电脑问世。

2003　苹果公司开发了 iTunes Store，目前歌曲下载量已突破百亿首。

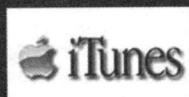

2007　第一台 iPhone 问世，并迅速颠覆了智能手机市场。

2011　辞去苹果公司 CEO 一职，公司股票下跌。10 月 4 日苹果公司发布 iPhone 4S。

Bill gates

Microsoft

corbis

出生	1955 年 10 月 28 日
全名	威廉·亨利·盖茨
城市	西雅图，华盛顿
公司	微软，科尔维斯
子女	3
结婚	1994 年 1 月
信奉	佛教
净资产	500 亿美元（2011）
母校	哈佛大学
职位	微软总裁
首任合作者	科尔维斯总裁 保尔·艾伦
首创	BASIC（1975）
员工数	25
首个一百万	30 岁
首个产品问世	1985 年 11 月
成为百万富翁	1986 年
成为亿万富翁	1987 年
辞职	2008 年 6 月 27 日

Steve Jobs

出生	1955 年 2 月 24 日
全名	史蒂夫·保罗·乔布斯
城市	旧金山，加利福尼亚
公司	苹果，NeXT
子女	4
结婚	1991 年 3 月
信奉	不可知论
净资产	83 亿美元
母校	里德大学
职位	苹果公司 CEO NeXT 公司 CEO 皮克斯公司所有者
首任合作者	史蒂夫·沃兹尼克 罗纳德·韦尼
首创	苹果一代（1976）
员工数	3
首个一百万	25 岁
首个产品问世	1976 年
成为百万富翁	1980 年
成为亿万富翁	1995 年
辞职	1985 年 2011 年 8 月 24 日

WALT DISNEY

NeXT

PIXAR
ANIMATION STUDIOS

APPLE
COMPUTER